ちくま学芸文庫

# 朝鮮銀行

## ある円通貨圏の興亡

多田井喜生

筑摩書房

# 朝鮮銀行　目次

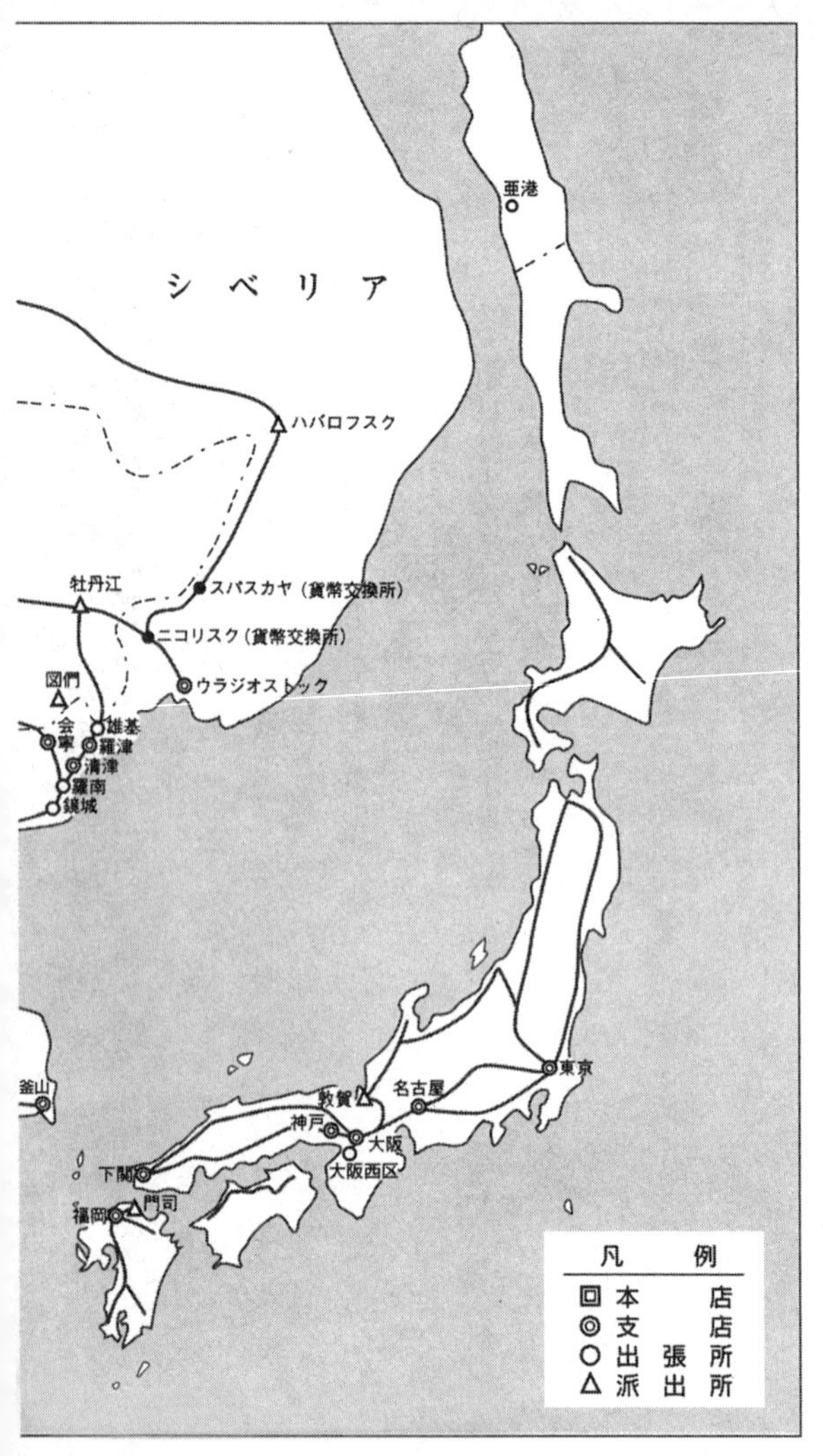
亜港
シベリア
ハバロフスク
牡丹江
スパスカヤ（貨幣交換所）
ニコリスク（貨幣交換所）
ウラジオストック
図們
雄基
会寧
羅津
清津
羅南
鏡城
東京
名古屋
敦賀
神戸
大阪
大阪西区
釜山
下関
門司
福岡
凡例
本店
支店
出張所
派出所

朝鮮銀行営業所所在図

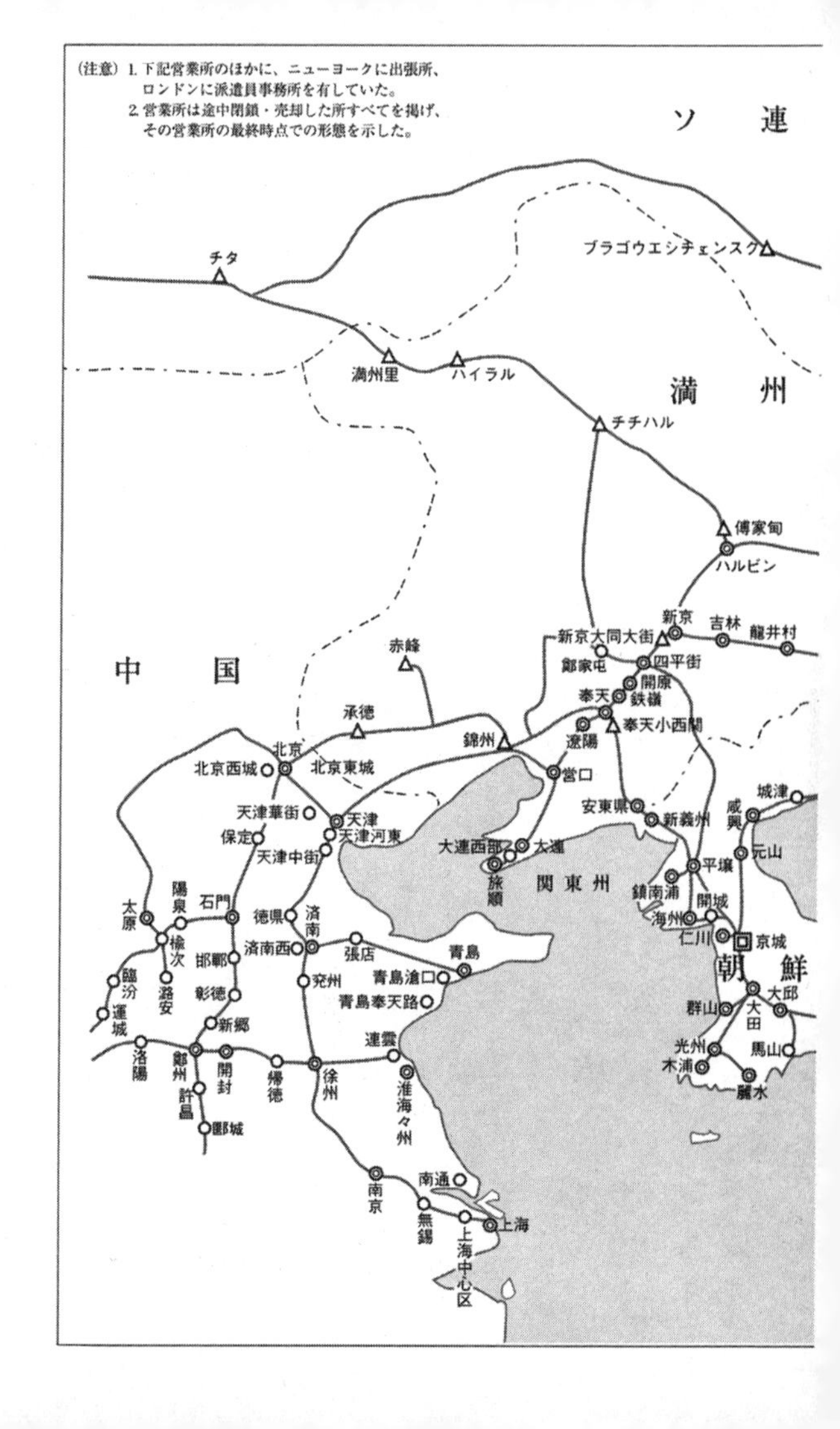
(注意) 1. 下記営業所のほかに、ニューヨークに出張所、
ロンドンに派遣員事務所を有していた。
2. 営業所は途中閉鎖・売却した所すべてを掲げ、
その営業所の最終時点での形態を示した。
ソ連
チタ
ブラゴウエシチェンスク
満州里
ハイラル
満州
チチハル
傅家甸
ハルビン
新京
吉林
龍井村
新京大同大街
鄭家屯
四平街
開原
奉天
鉄嶺
奉天小西関
遼陽
営口
中国
赤峰
承徳
錦州
北京
北京西城
北京東城
天津華街
天津
天津河東
天津中街
保定
安東県
新義州
城津
咸興
元山
大連西部
大連
旅順
関東州
平壌
鎮南浦
開城
海州
仁川
京城
朝鮮
太原
陽泉
石門
楡次
臨汾
潞安
運城
邯鄲
彰徳
新郷
徳県
済南
済南西
張店
青島
兗州
青島滄口
青島奉天路
群山
大田
大邱
光州
木浦
馬山
麗水
洛陽
鄭州
開封
帰徳
徐州
連雲
淮海々州
許昌
郾城
南京
南通
無錫
上海
上海中心区

# 朝鮮銀行――ある円通貨圏の興亡

朝鮮銀行本店

# はじめに

西力東漸――地理上の発見以来、ヨーロッパ諸国は東洋市場の開拓に乗り出した。

産業革命によって、一八二〇年に世界の工業生産のおよそ五割を占めたイギリスは、対外投資を積極化させてインドを植民地化し、東アジアに進出した。一八一九年にシンガポールを買収して海峡植民地を開き、ついでマラッカを得て商業軍事上の拠点とすると中国へ向かった。

一八四二年には阿片(アヘン)戦争により香港島を獲得し、貿易港として広東、上海など五港を開かせて華南の市場を独占すると、長江沿岸の不割譲を中国に認めさせ、さらに六〇年には北京(ペキン)条約によって香港対岸の九龍を割譲させ天津を開港させた。

ロシアも、一八五八年の愛琿(あいぐん)条約で黒竜江以北の地を割譲させた。次いで六〇年の北京条約でウスリー江以東(沿海州)の領有権を認めさせ、ウラジオストック港を建設してシベリア鉄道の開通を急いだ。

また、フランスもインドシナ半島に進出し、やがてフランス領インドシナ連邦を発足させるとともに、中国から広州湾を租借する。ドイツも膠州湾を租借して、山東半島の鉱山開発権と鉄道敷設権を得る。

「此の如くにして支那の要部は英、露、仏、独の四強及日本の為(た)めに租借又は不割譲の形式の下に各其勢力範囲を画定せられ殆ど支那分割の勢を形成するに至れり」(臨時産業調査局『支那に於ける列国の利権競争』)

アメリカは、一八八〇年代初めに工業生産でイギリスを追い抜いた。そして、十九世紀末には世界の工業生産の三一パーセントを占めて、イギリスの一八パーセントを大きく引き離すと、この圧倒的な工業力を背景に、九八年にスペインとの戦争でフィリピン諸島とグアムを獲得し、ハワイ群島も併合した。翌九九年、国務長官ジョン・ヘイは、中国の領土保全、門戸開放、機会均等の三原則を列国に呼びかけた。

広大な国土と豊富な資源に恵まれ、世界一の工業生産力と金準備を誇るアメリカとしては、ヨーロッパの列強やロシア、日本が蚕食(さんしょく)しつつある中国での既得権を開放させるのが有利だ。これがアメリカの東アジア戦略であり、「ドルを以って銃丸(じゅうがん)に代える」ドル外交の登場である。

一方、日本では——、太平洋の両岸のカリフォルニアと中国がほとんど同時に開かれて、世界の両端を結ぶ航路を開設するためペリー提督の黒船が来襲すると、開国の風に目覚めた国内には対外積極論が台頭(たいとう)した。

幕末の思想家で、ペリー再来の際に旗艦ポーハッタン号に乗り込んで密航を企てた長州藩の吉田松陰は、〝同志一致の意見〟として「魯墨（ロシアとアメリカ）講和一定……章程を厳にし信義を厚うし、其間を以て国力を養い、取易き朝鮮・満州・支那を切り随え、交易にて魯国に失う所は、又土地にて鮮満にて償うべし」と説いた。

そして、明治九（一八七六）年に日本が艦砲の威嚇（いかく）のもとに「日朝修好条規」を列強に先駆けて調印して朝鮮を開国させると、尾崎行雄、犬養毅（いぬかいつよし）ら改進党の役員七名は、伊藤博文参議に意見書を提出して、「朝鮮の内事に干渉し以て之を併略することを務むべし」と、朝鮮の植民地化を主張した。

日清戦争で台湾が日本の領土になり、明治二十九（一八九六）年に台湾総督府が置かれると、第二代台湾総督に就任した桂太郎・陸軍中将は、「今台湾を立脚の地と為し、厦門（アモイ）の港門より我勢力を南清に注入し、他日南清一帯の恰（あたか）も朝鮮半島の如くならしむ」という積極的な南進論を展開した。

日本は「北守南進」を国策とするべきであり、台湾は南清から海峡諸半島や南洋群島に向かって〝対外進取〟（桂太郎）するための「第一着の足溜り」だというのである。

明治三十二（一八九九）年、台湾の中央銀行として台湾銀行が設立された。〝南進〟を開始した台湾銀行は、昭和二十（一九四五）年の終戦時には、台湾一七店、中国三五店、南洋二〇店、フィリピン九店など合せて九六の店舗を東南アジア一帯に展開した。

一方、韓国では（一八九七年に国号を朝鮮から大韓に改めた）、明治三十五年に第一銀行の韓国支店が銀行券を発行した。そして日露戦争によって韓国を日本の保護国にすると、韓国統監府を設置し、明治四十二年には、第一銀行から中央銀行業務を引継いで韓国銀行が設立され、翌年の韓国併合で朝鮮銀行と改称した。

こうして日本は、大陸と南方地域に対して、「朝鮮銀行は北より台湾銀行は南より進む」体制を整えたのである。

朝鮮銀行の横瀬守雄理事は、朝鮮総督府発行の雑誌『朝鮮』昭和十四年二月号に、「東亜に於ける朝鮮銀行の役割」と題した一文を寄稿して、こう述べた。

「朝鮮が大陸前進兵站基地なる特性あるに省みるとき……今日の朝鮮銀行は、その名は〝朝鮮〟を冠するが、独り朝鮮の銀行たるに止まらず、国策に呼応し、関東州、支那に於て特殊使命の遂行に当りつつある……朝鮮の大陸前進基地性を名と共に実践するものとして、そこに寧ろ(むし)誇りを感ずるものである」

大陸前進兵站(へいたん)基地――これが朝鮮半島の位置づけである。そして、横瀬理事のいうように、朝鮮銀行は満州や華北への進出を積極化し、韓国銀行として設立された明治四十二年から太平洋戦争終結により閉鎖される三十六年の間に、朝鮮に京城本店以下二四店、旧満州に二六店、シベリアに八店、中国関内に四〇店、内地に九店、それにニューヨーク出張所とロンドン派遣員事務所を含め、延べ一〇九店の営業網を東アジア一帯に展開した。

朝鮮銀行のこのような店舗展開は、国策と深く関わり合っており、日露戦争はそもそも朝鮮半島でのルーブルと円との角逐（かくちく）に端を発し、第一次世界大戦時のシベリア出兵は朝鮮銀行券のシベリア進出であった。

また、満州事変は鮮銀券が満州鉄道付属地で強制通用力を付与された延長線上にあり、さらに日中戦争は、軍用通貨としての鮮銀券と、ポンドとドルが支える中国法幣との通貨戦争でもあった。

日中戦争から太平洋戦争――。昭和二十年の終戦の直後に来日したアメリカ合衆国戦略爆撃調査団の報告書は、日本の国力の脆弱さを指摘してこういう。

「要するに日本という国は本質的には小国で、輸入原料に依存する産業構造を持てる貧弱な国であって、あらゆる型の近代的攻撃に対して無防備だった。手から口への、全くその日暮しの日本経済には余力というものがなく、緊急事態に処する術がなかった……その経済は合衆国の半分の強さをもつ敵との長期戦であっても、支えることは出来なかったのである」

昭和十一（一九三六）年から十三年の世界工業生産のシェアは、アメリカ三二パーセント、イギリス九パーセントに対して、日本はわずか四パーセントである。また別の数字を見ると、アメリカと日本の昭和十六年の石油、石炭、鉄鉱石、銑鉄、アルミニウムなど重要物資一三品目の単純生産値は、七八対一である。懸絶するこの国力の差を無視して、日本は無謀な戦争に突入したのである。

　そんな貧弱な国力の日本が、日中戦争から八年間も戦争を続けることができた背景には、日銀券を中心にして、周辺に鮮銀券と台湾銀行券、さらには満州中央銀行券といった植民地通貨を配して障壁とし、戦争中には占領地に設立した中国連合準備銀行、中央儲備銀行などの通貨で、現地の軍事費や開発投資、経営費用を賄う（まかなう）という巧妙な金融機構があった。軍需物資だけでなく、通貨も資金も「現地自活」にしたのである。

　日中戦争が始まった昭和十二年七月から終戦の二十年八月までの東京の小売物価は、二・五倍の上昇に止（とど）まった。一方、占領地の北京や上海（シャンハイ）の物価は暴騰して、この間に一〇〇〇倍にもなった。

　これも、日本円で内地から送金される軍事費や投資資金を、中国や南方の占領地では連銀券や儲備券、南方開発金庫券などで支出し、日本円資金は日本国債の購入に充てて国庫に還流させるという、占領地の経済を犠牲にした運営がなされた結果であった。占領地の通貨を増発することで日銀券の増発を抑えて内地経済の崩壊を防ぎ、戦争継続を可能にしたのである。

　この主役は、朝鮮銀行である。

　国力が小さく資本不足の日本の大陸政策は、どうしても武力が主役になり、円外交を展開する余力を欠く。

朝鮮銀行は、軍事行動と結びついて東アジアに円の通貨圏を形成していくことになるのだが、そんな朝鮮銀行を主人公に通貨金融の面から、明治期の朝鮮半島進出からシベリア出兵、「預け合」による日中・太平洋戦争の戦費調達、そして朝鮮戦争によって鮮銀券が姿を消すまでの日本の大陸政策の歴史を辿ってみる。

# 第一章　第一国立銀行の朝鮮進出

## 明治四年、金本位制採用

明治四（一八七一）年に日本は「新貨条例」を発布して、純金一・五グラムを一円とする金本位制を採用した。貨幣単位も、従来の四進法の両―分(ぶ)―朱(しゅ)に代えて、新たに円―銭(せん)―厘(りん)を用いることにした。

当時最も流通していた万延二分判金（品位、金二二九・銀七七一、量目、三グラム）二枚、つまり一両の純金量は、一・三七四グラムであり、これに純銀量を加算すると、金銀比価を金一対銀一六として、一両は一円一一銭だった。また新一〇円金貨（品位、金九〇〇・銅一〇〇、量目一六グラム三分の二、すなわち、二五七・二グレーン）は、米国の一〇ドル金貨（二五八グレーン）とほぼ等しく、新しく出発した円は、ドルとも同価値だった。

こうして日本は、西欧先進国と同じ金本位制になったのだが、問題は、「当時東洋諸国の外国貿易には墨銀（メキシコ銀貨）が一般に使用せられ……」という特殊事情だった。十六世紀中頃より、中国にはメキシコで鋳造されたスペイン銀貨が流入していた。一八二一年にメキシコが独立するとメキシコ銀貨が流入するようになり、清朝末期には、中国全土で、四億枚以上のメキシコ銀貨が流通したり退蔵されていた。

平均重量四一七・三九四グレーン、平均品位九〇一・六四七のメキシコの銀貨が、東アジアに与えた影響は大きく、金本位制を採用した日本政府も、貿易上の便益を考慮して、メキシコ銀貨と同品位同量目、つまり品位、銀九〇〇・銅一〇〇、量目四一六グレーン（二六・九五六三グラム）の〝円銀〟（一円銀貨）を、開港場に限り無制限通用、相対示談でいずれの地でも通用勝手とした。円銀を本位貨幣（一国の貨幣制度の基礎をなす法定貨幣）と同等に扱うこの措置により、明治四年の「新貨条例」は、金と銀の複本位制になったのである。

円銀一〇〇円は本位金貨一〇一円の割合と定められ、新幣制における金と銀の法定比価は、一対一六になった。これは、当時の市場比価とほぼ等しく、銀の価値は幕末の一対五に比べて、大幅に切り下げられた。

ところが、イギリスはすでに一八一六年に金本位制を採用しており、ドイツ、アメリカ、フランスなども次々と本位銀貨の鋳造を禁止したため、銀価格の世界的な下落が始まって、明治八（一八七五）年には金と銀の国際市場での比価は、一対一八になった。このため、法定比価一対一六の日本国内の金貨は、銀貨と交換されて海外に流出したり退蔵されて、

万延二分判金（左・表、右・裏）

円銀（左・裏、右・表）

日本は銀貨だけがもっぱら通用する銀本位制になった。

明治十八年一対一九、二十五年一対二三・七、二十八年一対三一・六……銀の価格はさらに低落を続けた。

明治三十（一八九七）年、清国に戦勝した日本は、清国の通貨である庫平銀両の賠償金を英国ポンドに換算して受け取って、金本位制を改めて採用した。清国からの賠償金は、威海衛守備費償却金を一年分だけとしても、英貨約三八〇〇万ポンド、円換算三億七〇〇〇万円の巨額だった。

「純金の量目二分を以て価格の単位と為し之を円と称す」

明治三十年十月施行の「貨幣法」で、一円の純金量は、二分＝七五〇ミリグラムと、明治四年の「新貨条例」の半分になった。新金貨は米ドルに対してもほぼ半額になり、一〇〇円＝四九ドル八四六、つまり一ドルは約二円だった。

円の価値が半分になったのは、銀価格が低落したためで、明治四年の「新貨条例」の時の金銀比価一対一六が、明治三十年の「貨幣法」制定当時には一対三一余になっていたから、一円銀貨で量った金量が半減したのであった。

## 第一国立銀行、朝鮮へ進出

明治十一（一八七八）年、第一国立銀行は朝鮮の釜山に支店を出し、これが日本の銀行の海外進出第一号になった。

朝鮮が開国したのは、江戸幕府がアメリカ東インド艦隊司令長官ペリーと「日米和親条約」を締結して開国してから二十二年後の一八七六（明治九）年だった。

廃藩置県によって中央集権国家の確立をはかった明治政府は、対馬（つしま）藩宗（そう）氏の世襲職権だった対朝鮮外交権を接収すると、使節を釜山に送って開国通商を呼びかけた。

しかし、朝鮮では李朝第二十六代高宗（コジョン）の王父として政治の実権を握っていた大院君（テウォングン）李昰応（イハウン）が、徹底した鎖国攘夷を固守して、日本の要求に応じなかった。ところが一八七三年十二月、高宗が二十二歳の青年に達した機会に政変が起こり、高宗と王妃一族との閔（ミン）氏政権が成立して排外政策も緩和された。

そこで日本は、明治八（一八七五）年に軍艦「雲揚」が漢江河口の江華（こうか）島付近で挑発行為をして砲撃を受けた事件を口実に、武力的威圧を加えて開国を迫り、翌九年二月に「日朝修好条規」を結んだ。〝日本版黒船来襲〟である。

釜山のほかに二港を開港すること（のちに元山（げんざん）と仁川（じんせん）が開港）、領事裁判権と居留地の規定、付属の往復文書で関税の免除を決めたことなど、日本側は意図してペリーに倣（なら）ったという。

列強に先んじて結んだこの「修好条規」によって、日本は吉田松陰がいう「鮮満にて償う」第一歩を踏み出すことになった。

朝鮮産の巨大な砂金

「日朝修好条規」付録第七款には、日本の紙幣や補助貨幣の朝鮮国内での流通を認めさせる規定があった。これも、安政の「日米修好通商条約」で、「外国の諸通貨」は日本において彼此同種の同量をもって相通用し、日本政府は開港から一年間は外国人の望み次第に日本貨幣と外国貨幣を交換し、銅銭を除く日本貨幣はすべて輸出できると定められたのを見倣ったものだった。

かつて、安政の不平等条約によって、金銀比価が一対五の日本から一対一五の海外へ約五〇万両と推定される巨額の金貨が流出したが、朝鮮も日本貨幣の国内流通を認めたことで、金（主として砂金）の日本への流出が始まった（朝鮮から日本へ流入した金は、明治十一年から二十六年までに八三五万円、一二・五トン。明治三十三年十一月から四十年末までに第一銀行が買入れたのが二五三二万円、二二・六トン。明治四十二年から昭和二十年までに朝鮮銀行が買入れたのが五億六三二七万円、二四九・六トンなどの数字がある）。

朝鮮からの金買入れは国内産金を大幅に上回って明治二十年には三・七倍の規模になり、朝鮮の産金が日本の正貨準備の充実、金本位制維持に果たした役割は大きかった。

## 本位貨幣を持たない朝鮮

「円」の大陸進出はここに始まるのだが、当時の朝鮮の貨幣事情はどんなだったか。大倉財閥を興した大倉喜八郎によると、「日朝修好条規」を結んだあとも、虎伏す荒野のごとく思われていた朝鮮に日本から出掛けていくものは一人としてなく、「終に大久保内務卿から老生を見込んでの懇談あり、修好条規の手前国家の体面にも関することなれば奮て其の衝に当らんことを求められた」という。そこで大倉は、明治九年八月にわが国産品と諸雑貨を満載して釜山に渡航した。

「少し値嵩の商売になると叺入の葉銭を温突の室内に並べて、一つ一つ之を勘定すると云う幼稚さで、手数と時間とを要すること夥たゞしく、到底敏活なる商取引を期し難く、商売上の不便不利少なからざるものがあった。此に於て老生は銀行の設立を以て日韓貿易発

渋沢栄一

葉銭（上・表、下・裏）

展上最も急要の施設なりと痛感するに至ったので、之を当時の第一国立銀行頭取の……渋沢栄一君に諮った。渋沢君は克く之を諒解して直に賛成して呉れた」

叺入の葉銭というのは銅銭で、李朝粛宗四年（一六七八年）以来鋳造された常平通宝が、総額六六〇万円ほど流通していた。しかし、長い間の濫鋳によってその種類は一五五三種にも及び、また葉銭一枚の一文では役に立たず、多くの場合葉銭一〇〇枚を銭差しに通したものを二〇差し束ねた二貫が授受に便利とされていた。一〇〇文を一両、一〇両を一貫と定め、当時の相場は日本貨二円が一貫すなわち葉銭一〇〇〇枚だったから、「日本貨一〇〇円相当額の葉銭を釜山等の開港地から奥地に運搬するには担夫三人を要した」という。

本位貨幣を持たない朝鮮のこんな貨幣事情では、通商の発展は容易に期しがたかったが、ともかく釜山に銀行を開設して通貨交換、並為替、荷為替の途を開くことが先決だった。

大倉から相談を受けた渋沢頭取は、両者共同出資の釜山交換所設立が政府の許可を得られなかったので、単独で明治十一年三月に第一国立銀行釜山支店を開設した。

日本政府も、「我が国の通貨を流通せしめ、朝鮮産出の金を買収せん」と企図していたので、渋沢の願い出を容れて銀貨銅貨五万円を二回と新銅貨一万円を貸下げて、日本の銀行の最初の海外出店を支援した（明治十五年に日本銀行条例が公布されて、各国立銀行は営業満期までに発行紙幣を銷却することになり、第一国立銀行は明治二十九年九月に株式会社第一銀行として営業を継続するので、以下第一銀行と略称する）。

「日朝修好条規」の規約により砂金の集散地の元山と仁川が開港になると、第一銀行はここにも明治十三年五月と十六年一月に出張所を設けた。そして十五年に朝鮮がアメリカと結んだ通商条約で関税が適用されることになると、日本も十六年に「貿易規則」と「海関税目及び続約」を締結し、三開港の海関事務を第一銀行が一手に取扱い、徴収した関税や手数料、罰金などをすべて第一銀行発行の預り手形で海関に納付する契約を、朝鮮政府と締結した。

明治十六年八月、税関設立を目前にして渋沢頭取は釜山支店の大橋半七郎主任に、預り手形発行の意義をこう書き送った。

「追々(おいおい)此手形日本商人間には流通候様心掛……終にはバンクノート之姿にいたし度事に候、故に貴方にても右将来の企望は先公言無之簡単なる引換切符之積(つもり)に御中立可被成候(なさるべく)」

バンクノート――第一銀行券を朝鮮で発行して中央銀行の役割を担うのが終局の目標と渋沢はいうのである。しかし、どういう手順で第一銀行券を朝鮮の法貨とするのか。

朝鮮では大院君が高宗三(慶応二)年に当一〇〇銭(旧銭の一〇〇倍)を発行したが、実価がともなわず円滑に流通しなかった。同帝二十(明治十六)年には、国立鋳銭所の「典(てん)圜(えん)局」が設けられて当五銭など多額の銅銭が鋳造されたが、濫鋳偽造の弊甚(はなは)だしく、価値は下落する一方だった。こんな乱脈な貨幣事情は、日朝貿易の妨げである。

## 韓国白銅貨の密造増加

明治二十七（一八九四）年八月、日本が朝鮮の内政改革案を掲げて清国に挑んだことから、日清戦争が始まった。

開戦直前に日本軍は京城の王宮を占領し、閔妃一族を追い出して大院君を中心とする政権を樹立すると、八月二十日に「新式貨幣発行章程」を発布させた。

五両銀貨を本位とする銀本位制で、通貨の単位は一両＝一〇銭＝一〇〇分とし、日本の貨幣に比べると、葉銭一枚は二厘に、二銭五分白銅貨は五銭に、一両銀貨は二〇銭銀貨に、五両銀貨は円銀に相当していた。

また、その第七条には、「新式貨幣が多額に鋳造せらるゝまでは暫く外国貨幣を混用するを得。但本国貨幣と同質同量同価のものは通行を許す」という規定がつけ加えられていた。当時の貨幣で但書に合致するのは、日本の貿易通貨の円銀だけである。

「新式貨幣発行章程」による新貨幣の鋳造高は極めて少なくて単に見本に止まったから、結局この但書だけが生きて、円銀が朝鮮の法貨として正式に流通することになり、円銀と交換できる日本銀行兌換券も朝鮮国内で流通した。

明治三十（一八九七）年九月、朝鮮は国号を「大韓」と改め、この年の日本通貨の韓国での流通高は、三〇〇万ないし三五〇万円に達した。当時の韓国の貨幣流通量は、総額一

○○○万円程度と見られ、日本通貨が三分の一を占めたことになる。
内訳は、円銀が三分の二で、残りは日銀券だったが、日本は十月一日に金本位制を実施して円銀は回収することにしたため、韓国の本位貨幣となっているこの円銀の供給が途絶することになった。

そして、明治三十二（一八九九）年に義和団の蜂起に始まる北清事変が起きると、円銀はことごとく流出してしまい、また日本銀行の一円兌換券も回収され、代わりに市中に出

五両銀貨（左・表、右・裏）

日本銀行兌換銀券１円（人像は武内宿禰）

回ったのは「新式貨幣発行章程」で定めた補助貨の二銭五分白銅貨だった。

葉銭の鋳造は明治二十五年ころに中止され、流通高も一〇〇〇万元（一元は「新式貨幣発行章程」による銀五両）ほどから三十五年ころには鋳潰（いつぶ）しなどによって五〇〇万～六〇〇万元に減少したという、一方、白銅貨の鋳造は三十二年から急増して、三十五年には典圜局鋳造八〇〇万元、特鋳や私鋳六〇〇万元の合計一四〇〇万元が流通したといわれる。

特鋳銭は宮中の収入に当てる目的で特定の者に特許したもので、また特許料をとって許可した私鋳銭は、閔氏一族で多く鋳造したほか、「終には巨額の資金を投じて精巧なる機械及地金を備えて大計画の鋳造をなし不正の巨利を博するもの至る処に簇生（そうせい）し……恰（あたか）も無政府の状態を呈せり」（『韓国に於ける第一銀行』）という。日本国内でも盛んに密造されて持ち込まれ、韓国での密造も多かった。『朝鮮銀行40年』（韓奎勲）はこんな例を紹介している。

「南大門前の今のグランドホテルがある場所に自転車商店を経営した都築という日本人がいたが、この者は仁川港に船を浮べて白銅貨をやたらに造って売り込む有名な人間であった」

白銅貨の偽造には日本人が多分に関わっていたようで、当時の雑誌に「大阪京都等に六十箇所内外の偽造所あるを聞く」と載ったりして、ついに日本政府も、明治三十五（一九〇二）年十一月には「韓国白銅貨私鋳取締」の緊急勅令まで発布して税関や警察の検束を厳密にするほどだった。

白銅貨の種類は五七六種を数えたというが、その流通は地域的に片寄っており、京城（けいじょう）や平壌（へいじょう）など朝鮮半島の西北部では白銅貨が市場に横溢して銀貨や葉銭を駆逐した一方、南部と東部では依然葉銭だけが流通して白銅貨の流通を拒むという「貨幣の上に於ては二国たるの分界を為す」奇現象がもたらされた。

## ロシアと結ぶ韓国宮中政府

こんな幣制紊乱（びんらん）の被害を直接に蒙（こうむ）ったのは、海関税を円銀など銀建てで徴収している第一銀行だった。すでに日本は金建てになって円銀は市場からほとんど姿を消しているから、金建てに改めたいが、韓国は金本位制ではない。

それに、日清戦争のあと露仏独の三国干渉によって日本は遼東半島を清国に返還させられ、朝鮮半島には清国に代わってロシアが進出し、ロシア系の銀・銅貨が日本系の銀・銅貨と並んで流通しはじめた。

ロシアが仕掛けた日本に対するこの通貨戦争は年ごとに激しくなり、明治三十（一八九七）年十月には財政顧問にロシア人アレキセーエフを就任させ、三十一年三月には露韓銀行を京城に設立した。露韓銀行は韓国に於ける貨幣鋳造権を獲得するとともに、韓国政府に迫って日本の刻印付円銀の通用禁止令を出させるなど、ロシアは宮中政府の親露派と結んで日本の金融勢力を排斥しており、ここで第一銀行が銀行券発行権を獲得するのは難しかった。

李朝二十六代高宗の妃・閔妃（ミンビ）の暗殺事件が起きたのもこの時（一八九五年十月八日）で、背景には朝鮮半島を舞台とした日露の覇権争いがあった。

閔妃は、「土地の若干は他国に失うとも、日本の仇（かたき）を復せざるべからず。露国は世界の強国にして日本の比にあらず。且君権を保護すとの条件あれば之に依頼すべし」と高言して憚（はばか）らず、一八八五年七月にロシア公使ウェーバなどと結んで韓国政府から親日分子を追い出した。

閔妃の暗殺は、これに腹をたてた日本公使三浦梧楼（ごろう）が、日本守備隊や壮士を指嗾（しそう）して景福宮を襲撃させ、王妃の寝室に乱入して王妃とおぼしき婦人三名を殺害し、うち一名が閔妃であることをたしかめるや、死体を凌辱し門前の松林で焼き捨てた蛮行だった。

事件後、三浦は、大院君執政のもとに総理大臣金弘集（キムホンジプ）以下の親日内閣をデッチ上げ、「是で朝鮮も愈々（いよいよ）日本のものになった。もう安心だ」とほくそ笑んだが、事件の内幕はまたたく間に内外に知れ渡った。あまりの暴挙に驚愕した日本政府は、外務省政務局長の小村寿太郎を京城に急行させて善後処置にあたらせたが、出発に際して「当代第一の傑物といわれた勝海舟の門をたたいて、危局に処する心得を乞うた」小村は、帰国後に勝とこんな問答をした。

「君の対韓善後策は、どうだった」。小村はこれに答えて、

「ちょうど閣下の幕末に処せられたところと同じでした」と言った。すると、勝がちょっと解せぬふうがあったので、小村は、「天子を奪われたので、万事休しました」と述べ、二人は哄笑した。

小村が、天子を奪われたというのは、翌年二月に今度はロシアが兵を出して高宗と王世子をロシア公使館に移してしまい、金総理らが殺されたことを指している。

## 韓国で流通する日本通貨

そんな情勢を見て、渋沢頭取から〝頻回評議を受けた〟林権助駐韓公使は、「朝鮮の政府の承諾も何も要らない方法によって、日本側でやってしまおう」と一覧払手形（期間が一覧払いの手形）の発行を提案した。林公使はいう。

「現に支那でもやっているじゃありませんか。たとえば香港上海銀行や正金銀行などもみんな土地で紙幣を発行している。あれをやりさえすればよいのです」

渋沢頭取は林公使の提案を容れ、日本政府の承認を得た上で、第一銀行の無記名式一覧払手形、すなわち日本通貨との引換えを明記した一円、五円、一〇円の第一銀行券を、明治三十五（一九〇二）年五月から韓国で順次発行した。券種は五〇円、一〇〇円と増え、五〇銭、二〇銭、一〇銭の小額券も発行されたが、第一銀行券の発行に対するロシアの妨

第一銀行券（上・表、下・裏）

害は激しく、なん度か韓廷を動かして第一銀行券接受禁止令を出させた。

しかし、すでに日英同盟を結んでいる日本も強腰で、林公使が軍艦「高砂」に乗って仁川に急航するなどの威嚇を加えて禁止令を撤回させ、第一銀行券は韓国の法貨としての地位を目指していく。

一方、韓国政府内でも幣制改革の試みが続けられ、明治三十四（一九〇一）年二月にはロシアの後援の下に「貨幣条例」を発布した。これは日本の「貨幣法」を倣ったもので、「第一条、貨幣の製造発行の権は政府に属する事。第二条、金貨幣の純金量目は二分（七五〇ミリグラム）を以て価格の単位と定め此を圜と称する事」と日本円と同一の単位を用いるとされた。「貨幣条例」の狙いは日本の円銀の通用禁止にあったという。

この条例によって鋳造されたのは補助貨の半圜銀貨と五銭白銅貨のみで、それも試作に止まり、従来通りに旧二銭五分白銅貨の鋳造流通が続いたが、韓国政府が「貨幣条例」を発布して「今や進んで金貨制度なりと公言」したのだから、林公使からブラオン総税務司に通告して、第一銀行は、海関税の徴収を明治三十五（一九〇二）年一月一日から金建てに改めた。

## 第一銀行が韓国の中央銀行に

明治三十六年三月、韓国政府は勅令第八号で「中央銀行条例」と「兌換金券条例」を発布して、自国の手による幣制整理と中央銀行設立の準備を始めた。第一銀行が前年五月に韓国で一覧払手形を発行したのに対抗するもので、株主は韓国人に限り、「兌換金券を発行する権は本銀行が専任担当する」などと定めた。十月には株式の募集を開始し、十一月には、総裁を兼任する予定の度支部大臣沈相薫以下三四名の株主が総会を開いて、設立委員の選任などを行った。

しかし、株式払込み証拠金が予定資本金三〇〇〇万圜のわずか四・五パーセントに達したところで、日露戦争が勃発した。日本は、開戦直後に韓国と「日韓議定書」を取り交わして、「大韓帝国政府は大日本帝国政府を確信し施設の改善に関し其忠告を容るゝ事」とした。

この議定書に沿って、日本政府は五月三十日に「対韓施設綱領」を元老会議で決定し、財政顧問として派遣されることになった大蔵省の目賀田種太郎主税局長は、桂太郎首相、小村寿太郎外相、曾禰荒助蔵相と「就任前協商事項」を取り纏め、第一段階では「日本と同一システムの幣制を作る、日本貨幣（日本銀行兌換券と第一銀行券）に韓国法貨同様の通用力を与う」と決めた。

ついで第二段階では、

イ、第一銀行券の流通確実と為りたるときは右券に韓国中央銀行券としての特権を明記す
ロ、右と同時に第一銀行韓国部に韓国中央銀行としての特権と義務とを命ず
ハ、兌換券の基礎確立したる上、日韓紙幣共通を宣言す

と予定し、「韓国中央銀行設立及之れと類似の議論は之を斥くる事」とつけ加えた。第一銀行を韓国の中央銀行と位置づけるということである。

目賀田は九月に韓国に赴任すると、白銅貨の乱鋳を禁遏するため典圜局を閉鎖した。白銅貨鋳造といういわば糧道を断たれた韓国政府は、以後、官吏の給与の支払いも財政顧問と協議せざるを得なくなった。

ついで目賀田は、翌明治三十八（一九〇五）年一月に韓国政府に「旧貨幣訂期交換に関する件」など貨幣整理に関する二勅令を出させて、三十四年にロシアの後援で公布された「貨幣条例」を、補助通貨の様式を一部改定して三十八年六月に施行するなどの幣制改革の内容を決めた。

問題の旧貨幣の回収整理については、銀貨、白銅貨および銀貨は全部回収するが、銅の

素材価値で流通している葉銭は一部を準補助貨として利用することにした。

また新通貨との交換価格は、旧通貨が値下がりして日本貨幣に対していずれも半額ほどになっていたので、法定価格の半額をもって還収価格とし、旧貨銀一〇両を新金貨一円と決めた。

韓国政府は貨幣整理事務を第一銀行に一任するとともに、「第一銀行券を公認し公私の取引きに差支え(さしつかえ)なく無制限に通用せしむべし」と第一銀行と約定し、貨幣整理資金三〇〇万円を第一銀行に交付した(第一銀行からの借入)。

第一銀行が韓国の中央銀行と位置づけられたことで、先に韓国政府が自前の中央銀行を設立して貨幣や金融の自主性を確保しようとした試みは宙に浮き、止むなく明治四十年六月に証拠金を返却して、設立事務を清算することになった。

## 韓国の白銅貨を回収

白銅貨と、大阪造幣局で鋳造した日本貨幣に準じた新貨および第一銀行券との交換は、明治三十八(一九〇五)年七月一日に始まった。

品位量目印像形体が正貨に準じる甲種は、二銭五厘の比価で、正貨と認めざる不正旧貨(乙種)は一様に一個一銭で還収した。また白銅以外の材料で鋳造したものなど貨幣と認められないもの(丙種)は買収しなかった。

旧白銅貨の流通額は、第一銀行「韓国貨幣整理報告書」によると、典圜局製造のもの一七〇〇万元、私鋳偽造六〇〇〇万元、合わせて二三〇〇万元だったという（一元は「新式貨幣発行章程」による銀五両）。

白銅貨の還収は、第一銀行とそれを引き継いだ韓国銀行によって明治四十四（一九一一）年二月まで続けられ、三億九五三五万枚、九六一万円の白銅貨が回収された。額面価格一九七七万元から計算すると、乙種は四・六パーセントとなる。また回収率は八六パーセントで、残りの一四パーセント、三二三万元は貨幣と認められない丙種や回収漏れということになる。

「新式貨幣発行章程」によって発行された二銭五分白銅貨は、五両銀貨が日本の円銀と等価だったから、日本円で五銭に相当した。それを半額の二銭五厘で交換を強行したことに、韓国内はもちろん日本人からも非難の声があがった。

実際に交換事務を担当した第一銀行は、「旧貨銀一〇両は新貨金一円と定められたるは至当にして何人も之が為に損害を蒙ることなく又何人も之に対して異議を有するものあらざるなり」（韓国貨幣整理報告書）と胸を張る。

確かに貨幣交換を発表する直前（明治三十八〈一九〇五〉年一月初め）の日本貨幣一〇〇円に対する旧白銅貨の相場は、二〇三〜二〇四元の間にあった。一元＝五両で計算すると二銭五分白銅貨は日本貨二銭四厘五〜六毛であり、その限りでは第一銀行の主張は正しいのだが、「異議を有するものあらざるなり」というのは強弁だ。

白銅貨の相場が濫鋳によって下落したことには、日本人が多分に関与していた。また、白銅貨の還収に際して、早めに情報を得た日本人は良貨を買い占めたりして、交換開始以来三年間の交換請求額の五三・五パーセントを日本人が占めた。

こんな投機的な動きに加えて、一時的な白銅貨払底による〝貨幣整理恐慌〟も起きたので、目賀田の貨幣整理に対する批判が噴出した。濫鋳によって減価した韓国通貨を、半額の日本円（第一銀行券）で買い取ったのは、その分だけ韓国人の財産を奪ったことになるという非難である。

白銅貨に続いて葉銭の整理も行われた。葉銭の場合は、素材価値で流通しているので、白銅貨のように交換所を設けず国庫金収納による自然還収に任せた。途中、銅価の高騰による海外流出（一六二万円）もあったが、明治四十四年二月末までに四三二万円を回収し（明治四十二年十一月までに一二億枚、一二三八万円）、葉銭に代わって新貨が流通して、ここに旧来の韓国の貨幣制度は日本の貨幣制度に〝併合〟されていった。

### 伊藤博文、初代統監に

幣制整理と並行して、第一銀行は明治三十八（一九〇五）年一月に韓国政府度支部と国庫金取扱契約を結び、七月には財政整理のための国庫証券二〇〇万円の募集引受けも行っ

伊藤博文

た。第一銀行はこの年、元山、平壌、大邱、さらに開城、城津、安東県（満州）に出張所を設置することを決め、また資本金のうち三〇〇万円を韓国業務資本として区分するなど、店舗、資金、人員面を拡充して韓国の中央銀行としての整備を急いだ。

明治三十八年九月に日露講和条約が締結されて、「露西亜帝国政府は日本国が韓国に於て……必要と認むる指導、保護及監理の措置を執るに方り之を阻礙し又は之に干渉せざることを約す」――つまりは日本が韓国を植民地化することを認めた。

十一月に第二次日韓協約が調印されて、日本政府代表として京城に統監府が置かれて初代統監に伊藤博文が就任し、外務・大蔵両大臣の監督下にあった第一銀行の韓国業務は統監の監督下に移した。

この年七月、第一銀行は横浜市長の市原盛宏を取締役として迎え入れ、京城支店から昇格した韓国総支店の支配人に任命した。

市原は、同志社（のちの同志社大学）を出て、米国のエール大学に留学し、帰国後、日本銀行に入って名古屋支店長から本店金庫局長心得になったが、明治三十二年に理事三名、局長三名、それに市原ら一〇名が山本達雄総裁に造反した「日銀未曾有のストライキ」事件で、日銀を去った。そのあと渋沢に拾われて第一銀行に入り、同行横浜支店長から横浜市長に転じていた。

第一銀行の銀行券発行高は明治三十九（一九〇六）年九月には一〇〇〇万円を超えた。

# 第二章　韓国併合を進める日本

## 韓国の自治育成を図る伊藤

「渋沢さん、どうですか、第一銀行の支店が韓国の中央金庫というのも面白くないですから、本店を韓国に移しませんか」

伊藤統監は、第一銀行の渋沢頭取に、こう打診したことがあるという。伊藤はかねてから、「国家の権利に属する紙幣発行の特権を一私立銀行に付与し、一国金融の中枢機関たらしむるのは宜(よろ)しきを得ず」と考えている。

明治四十(一九〇七)年六月に、高宗皇帝がオランダのハーグで開かれた万国平和会議に密使を送って、国権の回復を訴えようとした事件が起きた。伊藤統監は、この件を「転禍為福の妙用」(西園寺(さいおんじ)首相の伊藤統監宛書簡)として、高宗を譲位に追い込んで王世子(せいし)(皇太子)李坧(イチョク)を純宗(スンジョン)として即位させた。同時に第三次日韓協約を結んで、韓国軍隊を解散させ、韓国政府は全面的に「統監の指導……承認……同意……推薦」を受けることにしたのだが、伊藤は、この協約締結直後の七月二十九日に、在韓新聞記者を晩餐会に招待して対韓方針をこう説明した。

「日本は韓国を合併するの必要なし、合併は甚だ厄介なり、韓国は自治を要す。然(し)かも日本の指導監督なくんば、健全なる自治を遂げ難し。是れ今回の新協約を見たる所以(ゆえん)」

伊藤のこの「自治育成策」からいうと、この際、韓国には中央銀行の新設が必要ということになる。

明治四十年六月末で、第一銀行は、韓国に京城総支店以下六支店と一〇出張所を展開しており、内地の八支店、三出張所に匹敵する。韓国での第一銀行券の発行高は九五七万円、預金一二四三万円で、第一銀行全体の預金と銀行券発行高（六〇〇〇万円程度）の三分の一に達する。しかし、本店を京城に移せというのは、いかにも〝不条理〟だ。渋沢がこう反論すると、伊藤はたたみかけて来た。

「それでは、韓国に特別の銀行を創設して、これに中央銀行としての任務を譲り渡すことにしても、異議はありませんね」

「政府がそのようなご意見ならば、已（や）むを得ない次第です」

## 韓国中央銀行設立決定

渋沢はこう返答したのだが、明治四十年八月になって渋沢は、いよいよ伊藤が「韓国は別に中央銀行を創設すべしとて、内閣に提議する」という噂を耳にした。

「三十年来拮据（きつきょ）経営して得たる幾多の特権と利益とを一朝にして放棄し去るは、情に於て真に忍び難き……」

渋沢は、市原支配人を東京に呼び寄せて、対策を練り始めた。

中央銀行創設の噂に合わせるように、伊藤は十日に京城を発（た）って、十六日に大磯の私邸滄浪閣に着いた。

八月三十日午前九時、元老大臣会議が首相官邸で開かれ、伊藤、山県有朋、松方正義、井上馨の四元老と桂太郎前首相、それに西園寺首相以下の閣僚が出席した。午後四時過ぎまで続いたこの会議で、伊藤は、統監府の管制や、「朝鮮の財政は独立せしめ我国庫より年々三〇〇万円ずつ補助する事」などを説明したうえ、「韓国に中央銀行の類を設ける必要あり」と提議して、大体その通り決定された。

九月三日、渋沢は帝国ホテルに伊藤を訪ね、続いて五日には前韓国財政顧問の目賀田を招いて「韓国中央銀行」について質したが、二人ともその実を告げずに、口を濁した。すると、九月十日付の『東京朝日新聞』が、目賀田の後任として大蔵省主計局長の荒井賢太郎が韓国政府度支部次官に就任すると報じるとともに、「韓国の中央銀行」と題して、先の元老大臣会議の模様を次のように伝えた。

「去月三十日の元老大臣会議に於ては、伊藤侯は……中央銀行の事にも言及したる由にて、侯の意見は韓国の金融機関として第一銀行に代うるに……韓国中央銀行を設立し、以て公金取扱、兌換券発行等、特定の業務を扱わしむべしというに在りて、異議なく当日の会議を通過したれば早晩之が設立を見るに至るべく……」

「やはり、噂は本当だったか！」

九月十六日、渋沢は、伊藤を飛鳥山の私邸に招待した。統監府武官の村田惇陸軍少将、統監府会計課長の児玉秀雄などの他に、水町袈裟六(みずまちけさろく)大蔵次官、荒井賢太郎主計局長、松尾臣善日銀総裁、高橋是清(これきよ)日銀副総裁などが同席した。

渋沢の飛鳥山邸は、陶淵明(とうえんめい)の詩「園田の居に帰る」の「曖曖(あいあい)たり遠人(えんじん)の村、依依(いい)たり墟里(きょり)の煙」から取って、「曖依村荘」と名付けられたという。

武蔵野台地の東端が荒川低地に接する高台にあって、自然の湧水が滝となって崖を下る敷地九〇〇〇坪の庭に立つと、眼下に田圃(たんぼ)が一面に広がり、遠く森の散在する彼方には、豊島川（隅田川の上流）を行き交う船の帆が白く光って見える。茫々たるこの眺めは、陶淵明の詩そのものだ。

この夜、「余興としては新橋及吉原芸妓の踊其他の催しあり、侯爵には頗(すこぶ)る歓を尽され、主人の請に依り絹本数葉に揮毫(きごう)せられ、十時過辞去」した。

この時のことだったろう、渋沢栄一の三男の秀雄は、伊藤が畳を這うような姿勢で、絹だか絖(ぬめ)だかへ七言絶句を達筆に書いて、かなりもう千鳥足で大変な上機嫌で帰途につくのを、玄関脇の木陰から覗き見していた。

「英雄は由来色を好む、だぞ」

築地新喜楽の女将(おかみ)に支えられた伊藤は、こんな戯(ざ)れ言(ごと)を口にしながら馬車に乗り込んだ。するると、「玄関の灯の届かない反対側のドアがあいて、夜目にも匂うばかりに美しい芸者が一人、影のようにツと忍び入った。そして大政治家と美妓を乗せた馬車は玄関先の小砂利を噛みながら、闇の中へ消えていった」――渋沢秀雄は『父渋沢栄一』にこう書き残している。

翌々十八日、渋沢が大蔵省で荒井局長に面会してから、伊藤の所に回ると、伊藤は初めて、韓国中央銀行を設立すると語った。

この日、『東京日日新聞』は、「韓国中央銀行問題」と題して、「第一銀行の既往及現在は極めて確実鞏固なる状態に在りと雖も、若し非常の場合を仮想するときは、同行が其営業上に波瀾動揺を惹起すること無しと謂うべからず」と論じた。朝鮮を盾にして内地を守ろうという、〝植民地障壁論〟である。

そして――、韓国中央銀行設立の動きに歩調を合わせるかのように、韓国に拓殖会社を設立する構想が浮上してきた。

## 韓国移住のための東洋拓殖会社設立

三年半前の明治三十七（一九〇四）年二月、日本はロシアに宣戦布告すると、すかさず韓国と「日韓議定書」を取り交わし、軍事上必要の地点を臨機収用する権利を得た。続いて同年五月には「対韓方針」と「対韓施設綱領」を閣議決定し、韓国の防備の充実、外政と財政の監督、交通と通信機関の掌握と並んで、「拓殖を図ること」を掲げた。

「我超過せる人口の為に移植地を得、他方に於て我不足せる食糧の供給を増し……」

翌三十八年九月に日露戦争が終わり、年末に桂太郎内閣は総辞職して西園寺内閣に代わるが、その直前の十一月に桂首相は、第二次日韓協約を締結して韓国に統監を置くとともに、「政綱」を定めて、「（韓国の）殖産事業に関しては、帝国政府は、大体の方針を指示するに止め、其の実行は之を箇人の企業に一任する事」とした。

「箇人の企業」――、桂には、日清戦争後の明治三十一（一八九八）年に、新領土の経営に裨補する目的で自らが会頭になって設立した「台湾協会」があった。これは、日露戦争後の四十年に、会の勢力範囲を満韓地方に拡張するため「東洋協会」と改称しており、この東洋協会が韓国の拓殖事業に乗り出した。東洋協会には、国内の主だった実業家八八五人が、一回金五〇円以上を寄付する賛助会員に名を連ねている。

明治四十年九月になって、東洋協会は「東洋拓殖会社設立要綱」を纏め、元老井上馨などに「要綱」の説明を始めた。

東洋拓殖会社の事業は、韓国政府が現物出資する国有地と当社が買収する田畑に、設立第四年度以降毎年一万戸（三万人）を日本から移住させ、「一戸に付約熟田二町歩、熟畑一町歩の割合にて、会社より之を給与し、且つ住宅等を給し、其他渡航費肥料種苗農具耕牛食料十箇月分等（一戸当り金額約千円）を与えて、之を年賦償還（年額一戸当り約百参拾円内外）せしめたる後、所有権を得せしめ、此に独立の中農を作り、以て拓殖の実を挙げしめん」という、内地からの農民の移住計画を中心としている。

「一〇〇〇万円の資本にて専ら朝鮮に日本人を植付くる考案……」
内務大臣の原敬の表現を借りれば、これが東洋拓殖会社の設立目的である。当時、アメリカが日本人移民の排斥を強化しており、日本は移民先を満韓に振り向けざるを得ない事情もあった。

それだけに、資本金一〇〇〇万円の一〇倍までの拓殖債券の発行と政府の支払保証、毎年三〇万円、五年間の補助金の交付などを日本政府に要求していた。

東洋拓殖会社の設立準備は、順調に進んだ。十月、桂会頭は、皇太子嘉仁（のちの大正天皇）に供奉して京城に赴き、李完用首相と宋秉畯農商工部大臣に「会社設立要綱」を示して同意を得るとともに、伊藤統監にも説明した。

十二月十六日、松方、井上、桂も参加して臨時閣議が開かれ、桂が「要綱」を説明して閣員の賛成を得ると、設立事務は大蔵省に移され、勝田主計理財局長が「実行方策を調成」することになった。

## 伊藤統監の反対

しかし、ここで伊藤統監が東洋拓殖会社の設立に反対を表明する。

伊藤は、日本に留学する韓国の王世子李垠を伴って明治四十年十二月十五日に東京に着いた。東洋拓殖会社の設立要目や会社法は、閣議案で「統監の意見を徴せられ度」となっている。明けて明治四十一年一月十四日、伊藤から「意見書」が政府に提出された。

「突然大規模の拓殖会社を組織し、純然たる日本の会社として要部は悉く日本人を以て之れに充て、大資本を運用して多数の日本人を韓国に移住せしめ其の土地を開墾し、場合に依りては林業、畜産業、水産業、鉱業に従事し、甚だしきは農産物を原料とする各種の製造業をも経営せんとすると聞かば……一般韓人は忽ち疑惑を抱き、此の計画たる畢竟拓殖なる美名の下に韓国の土地を奪わんとする日本政府の策略なりとし……激烈なる反対運動を開始するは識者を待たず」

伊藤は、桂案を「韓国政府及び韓国人民を眼中に置かざる案」と決めつけ、資本はもちろん事業もことごとく日韓協同の性質を帯びるように、役員や事業の監督など細目にわたって修正を要求した。韓国に中央銀行を設立して「自治育成政策」を展開しようと考えている伊藤としては、当然である。

勝田理財局長の回顧によると、三月中旬のことだったろう、伊藤は、首相官邸で西園寺首相の椅子に座って朱筆を持ち、東洋拓殖株式会社法の各条文に訂正を施し、桂は直立してそれを見守っていたという。明治憲法をつくり、「陛下の御信任あるは元老中之に及ぶ者なし」(『原敬日記』)という伊藤ならではのエピソードだ。

こうして「東洋拓殖会社法案」は、三月二十六日にようやく議会を通過した。東洋協会が主張した純然たる日本国法による会社という点は否定され、日韓両国で立法することになった。

しかし、まだ東洋拓殖会社が「拓殖なる美名の下に韓国の土地を奪わんとする日本政府の策略」と韓国側に映るのを危惧した伊藤は、韓国中央銀行とセットで、いまひとつ、「経営は韓国人之に当る」韓国勧業銀行の設立を目論んでいた。

「日本の如く中央に一の勧業銀行を設立し、其の目的は地方農工銀行に於て融資し能わざる農工業上の資金を低利にて融通することとし、一方には地方農工銀行の債券を募集する場合に之に応じて相当の援助を与え……資本金は之を参百万円とし……払込資本に拾倍即ち総額参千万円の勧業債券を発行するを得せしめんとす」

韓国には、目賀田財政顧問が明治三十九年に政府が株式を引受け、無利子貸下をして全国各道観察使所在地に一カ所ずつ設立する予定で始めた一〇行の農工銀行があった。明治四十年八月にさらに一行が設立され、その後合併して六行になっていた。

当時の韓国の農家では、「五割即ち元金を十円借り一年の末に十五円返却するを低利と云う」状況だった。そこで、不動産担保金融を専門とする日本勧業銀行に倣って、韓国にも農工銀行の親銀行として韓国勧業銀行を設立して、低利の農工業資金を〝韓国人民〟に貸し出すというのが、伊藤の構想である。

この韓国勧業銀行ができれば、桂の東洋拓殖会社は金融部門を失うことになり、活動は大幅に制約される――。

## 桂首相は韓国併合促進論者

明治四十一年七月四日、西園寺首相は辞表を奉呈し、十四日に第二次桂内閣が発足した。財政再建問題を抱える蔵相ポストは、「財政の事……総て首相の判決に在らざれば、決定すべきものに非ず」という方針の桂が兼任した。韓国併合促進論者の桂は、韓国中央銀行の新設に反対している。

八月二十七日には、懸案の東洋拓殖株式会社法も公布されて、発足の目途が立った。いよいよ、〝韓国中央銀行〟と〝韓国勧業銀行〟の出番である。

伊藤統監は、桂内閣成立後の七月二十一日に、京城から大磯に帰着した。月末から一カ月ほど王世子李垠を案内して国内見学をした。その後、八月三十一日に井上馨が発病して危篤に陥ったので興津に泊り込んで看病を続け、伊藤が再び上京したのは九月十八日だった。この日、荒井賢太郎度支部次官も京城から東京に着いた。

朝日新聞社が昭和三年に発刊した『その頃を語る』所収の荒井賢太郎の「老廃国の立直し」を聞こう。

「明治四十一年の秋、伊藤統監は上京の序に、韓国中央銀行設立に関する具体案を提げて、桂首相の諒解を求めたのである。桂首相は〝この際中央銀行というが如き積極的方策を講ずるのは、却って統治上に支障を来す恐れがある〟という見地から、伊藤統監とは正反対の意向を抱持していたので、問題は危く頓挫しようとしたが、井上馨侯の斡旋で……各関係者が、麻布内田山の井上侯邸に会合して、韓国中央銀行設立の具体案を決定した。その席上においてもそれぞれの立場から種々の意見も出たが、いずれも大局から見て、統監府の主張を承認することになった」

王世子李垠と伊藤統監

麻布内田山の井上侯邸の会合は、いつだったのか。関係者の日記に記述が見当らないが、明治四十二年五月二日に井上馨の快気祝いの園遊会が内田山邸で盛大に催されて、伊藤、桂、若槻、渋沢など関係者がそろって顔を揃えたから、この時だったのだろう。

ところが――。

井上薫の斡旋によって桂首相が折れて韓国中央銀行設立の具体案を決定したのが、明治四十二年五月だったとすると、荒井は重大な事実にわざと触れていないことになる。

## 伊藤統監の辞任

韓国併合――。

伊藤は、二月十日に京城を発って、仁川から軍艦「吾妻」で帰国の途につき、十七日に大磯に着いた。それから暫く静養のお暇を願い出て、三月十一日に大磯を発って伊予の道後温泉に滞留し、月末に大磯に戻って、四月五日に上京した。

そして、十日に、桂首相と小村寿太郎外相が、伊藤を枢密院議長官舎に訪ねて、「韓国の現状に照らして将来を考量するに、韓国を併合するより外に他策なかるべし」と陳述すると、伊藤は意外にも「異存なし」と返答したという。

伊藤は、最初の統監として、正義と人道とを標榜し、専ら保護政治の基礎の確立に努め、併合問題には耳を貸さなかったから、周囲は、韓国の〝自治育成〟を目指していると思い込んでいた。

しかし、伊藤は、明治四十一年秋頃から、自らの統監としての治績について「その功績未だ相伴わざるもの往々あるのは頗る遺憾とする」と失望の言葉を漏らし、辞意を申し立てていた。

結局、明治四十二年六月十四日に伊藤は統監を辞任し、即日、枢密院議長に就任、後任には曾禰荒助副統監が昇格した。

「韓国民の生活状況を察するに、この三年有半の間に於て改良進歩するを得たりと信ずるの程度に達しない。これ自分の力及ばざるがためか、或は韓人自ら勉めず、自ら励まず、や、もすれば他国の保護の下に居るを甘んぜざるの徒往々にあるがために然るか……」

統監を辞任したあと、七月に挨拶と事務引継ぎのため訪韓した伊藤は、仁川でこう離別の辞を述べたという。

「日露戦役後、直ちに併合しておけばよかった」

伊藤はこの時こうも漏らしたというが、「四十年以来、統監政府の実験に徴し、極東に於ける国際政局の将来に鑑(かんが)み、到底統監政治の永続す可(べ)からざるを看破し」(徳富猪一郎)、伊藤は、統監を退くことで韓国併合に同意を与えたのだろう。

**韓国銀行設立最終案**

伊藤統監と桂首相――。

両者は、韓国統治策を巡って、ことごとに対立した。

昨年(明治四十一年)十月五日に、伊藤が桂首相に「今明日中荒井次官拝趨、勧業銀行云々の儀、尊慮為伺有筈に付、貴意の所在充分御示可被下(くださるべく)候」と陳情した時も、桂は無視した。韓国の農工業に資金融通を目的とする勧業銀行は、東洋拓殖会社の邪魔になると判断したためだが、それればかりか、桂は、伊藤が推進した韓国中央銀行さえ「統治上に支障を来す恐れがある」と反対した。

「自分は内閣を組織する事と……なり、夫(それ)より已後(いご)は伊藤と戦いたる事もあり」

桂自身こういうが、明治四十二年四月になって、伊藤は、「適当の時機に於て断然併合を実行し半島を名実共に我統治の下に置く」という桂らの〝宿論〟と一致するに至り、その翌月に、今度は桂が〝韓国中央銀行〟の設立に同意した。

桂は、伊藤の韓国勧業銀行案を葬り去った。そして、東洋拓殖会社の業務に、韓国の農工銀行の発行する農工債券の引受けを追加し（明治四十二年四月）、同時に、韓国中央銀行法案に、「東洋拓殖会社々債券を買入るることを得」という文言が加えられた。

両者の妥協が成立した証しである。

桂の韓国併合論を伊藤が受け入れ、その後、桂は伊藤の韓国中央銀行設立案に賛同した。韓国銀行は、併合を前提にした国の中央銀行として、日本政府から設立を承認されたのだった。

こうした経緯があって、明治四十二年五月に、第一銀行の韓国撤収、韓国中央銀行の創設、韓国勧業銀行の設立見送り、東洋拓殖会社の位置づけなど、韓国併合を前提とした大方針のもとに、対韓最終施策が決まった。

第一銀行券の回収方法など、統監府と第一銀行の利害調整には大蔵省が乗り出して、調整案「第一銀行の銀行券発行停止に関する件」を作成して両者に提示した。

「・第一銀行は銀行券銷却の義務を韓国中央銀行に引継ぐこと
・第一銀行は正貨準備を無償にて韓国中央銀行成立と共に即時に之を引継ぐこと
・（保証準備分は）第一銀行をして相当の年間を期し年賦償還を為すことを得せしめ、

韓国中央銀行は償還を得るに随い償還額に応じて保証物を返還すること

- 第一銀行は営業用地所建物を韓国中央銀行へ引継ぎ中央銀行は其代価を即時に現金を以て支払うこと、之に要する資金百二拾万円は韓国政府無利息にて融通すること」

――これが大蔵省の調整案だった。

懸案の第一銀行券の銷却については、発行高の三分の一の正貨準備分は統監府、残り三分の二の保証準備分は第一銀行と、両者の言い分を折衷して認めた。これにより、保証準備分の銷却年限は二十年となった。また、韓国中央銀行は初年は損失で次年と第三年も極めて少額の純益しか見込めないが、政府が損失補塡をして、民間株主には設立の初年より年六分の配当を保証するとした。

## 韓国銀行の開業

明治四十二(一九〇九)年七月六日、閣議は「適当の時機」に韓国を併合する方針を決定した。

七月十一日、統監辞任の挨拶で訪韓した伊藤は、京城の南大門通りに前年十一月着工した第一銀行の新総支店の定礎式に出席して、自筆の「定礎」の二文字を刻んだ銅板を自ら執鏝して据え付けた。明治建築界の法王といわれた辰野金吾が設計した石造りルネッサンス式のこの建物は、二年半後の明治四十五年一月に完成し、韓国銀行から名称を改めた朝鮮銀行の本店になった。

七月二十六日、隆熙三年法律第二二号「韓国銀行条例」が公布され、新中央銀行は、韓国法に基づいて設立されることになった。この日、曾禰荒助統監は、李完用首相と「韓国中央銀行に関する協定」を結んで、「韓国銀行の重役は当分の内日本人を以て之に充つべし」と決めた。

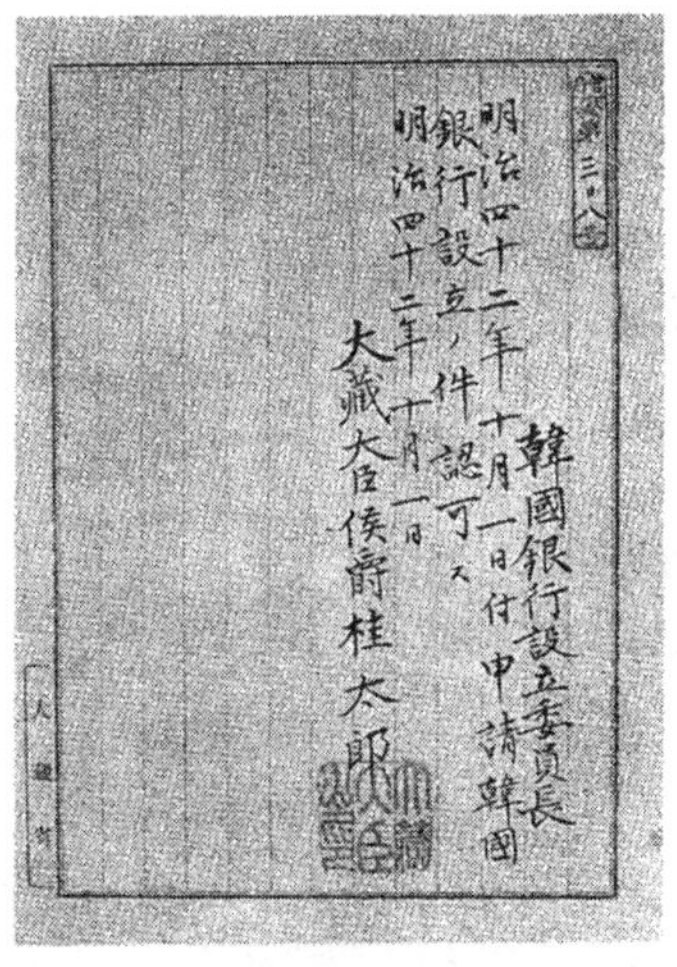

韓國銀行設立委員長
明治四十二年十月一日付申請韓國
銀行設立ノ件認可ス
明治四十二年十月一日
大藏大臣侯爵桂太郎

韓国銀行設立認可

九月六日、株主募集開始。応募は盛況を極め、同日午後一時に締切ったが、募集株数の二九二倍に上(のぼ)った。韓国銀行の資本金は一〇〇〇万円で、韓国政府が三割を、韓国皇室と日本皇室が各一パーセントを引受けた。これは、伊藤博文の発意によるもので、日本銀行の株を皇室が持ったのに倣って、韓国銀行の場合も李王家が株主になった。一株株主は六六五五名で、うち韓国人は一八九九名、株主総数は一万を超えた。

朝鮮銀行本店（地中階１階及２階、延坪数2625坪、附属屋150坪、明治45年１月竣工）

朝鮮銀行本店公衆溜

十月二十九日、韓国銀行が設立された。総裁には第一銀行の市原盛宏が就任し、第一銀行の業務を建物什器（じゅうき）、行員もろとも引き継いで、十一月二十四日から京城本店以下四支店、九出張所で営業を開始した。

満州の入口の安東県出張所以外は韓国内の営業所で、第一銀行は京城と釜山の二支店を残して韓国から撤退した。引継ぎ時の第一銀行券の発行高は一一八三万円で、その三分の一に当たる正貨準備三九四万円が韓国銀行に引き渡され、残りは二十年間で銷却することになった。

## 三・一運動おこる

こうして、韓国経営の一応の体制が整ったが、朝鮮の全耕地の二割以上を手に入れようとして発足した東洋拓殖の前途は、多難だった。

東洋拓殖の総裁に就任した宇佐川一正（うさがわかずまさ）陸軍中将以下約六〇名の一癖もありそうな大小社員は、明治四十二年二月に、陸軍などの制服を着用し剣をガチャつかせて京城に乗り込んだ。伊藤が危惧したとおりである。結局この会社は、韓国人民の激しい反発を買って、主要事業である日本からの移住は、年間一万戸どころか、昭和元年までの十七年間にわずか九〇〇〇戸という惨澹たる結果に止まった。東洋拓殖は大正六年には、活路を求めて満州その他の方面に進出する。

京城東大門通

京城市街全景

また桂が葬った伊藤の韓国勧業銀行案は、その後かたちを変えて、大正七年十月に朝鮮殖産銀行として実現した。六農工銀行が資金難と貸付の固滞から経営破綻したので、合併して資本金を六行合計の二六〇万円から一〇〇〇万円に引上げ、払い込み資本金四〇〇万円の一五倍までの債券を発行できるものにしたものである。

殖産銀行の初代頭取には、朝鮮銀行理事の三島太郎が転出し、三島は就任第一声で、朝鮮人と日本人行員に対する無差別、平等、待遇の一本化を宣言した。

おりから大戦終了ムードとともに民族自決と独立の風潮は世界的に広がり、朝鮮でも翌年には高宗の葬式を機に独立を要求する三・一運動がおきた。ハーグの世界平和会議に密使を送って国権の回復を訴えようとし、また妃の閔妃を日本人に殺された高宗への哀悼から始まったもので、暴動は全土に広がったが、そんな中で、「和」を行訓とする三島頭取の経営姿勢は行員たちの強い支持を得た。

三島はわずか一年九カ月で亡くなるが、その経営理念は後継者に受け継がれ、行員の融和、業績向上に大きく貢献した。また人材育成にも力を注ぎ、戦後の一時期の韓国政界や経済界の指導者は、過半数を殖産銀行出身者が占めたという（藤田文吉『一日本人銀行員の朝鮮史雑感と朝鮮殖産銀行』）。

## ハルビン駅で暗殺された伊藤博文

韓国銀行が設立される三日前の十月二十六日（明治四十二年）に、その生みの親の伊藤博文は、ハルビン駅頭で韓国人の独立運動家の安重根（アンジュングン）にピストルで暗殺された。

「馬鹿な奴じゃ」

これが伊藤の最後の言葉になった。捕えられて旅順に送られた安は、検察官の訊問に対して、「人の国を取り、人の命を取らんとする者あるを、袖手傍観するということは罪悪でありますから、その罪悪を除いたのです」と陳述した。

伊藤遭難の報（しら）せを聞いたドイツ人医学者エルビン・ベルツは、「伊藤博文をしのぶ」と題した一文をすぐドイツの新聞に発表した。ベルツは東京医学校に招かれて明治九年に来日して肺臓ジストマを発見し、宮内省御用掛（ごようがかり）として明治天皇の侍医をつとめ、明治三十八年に帰国していた。

「伊藤が、人もあろうに韓国人に暗殺されたことは、かれが日本における韓国人の最上の知己であっただけに、いっそう悲劇である。日露戦争の後、日本が韓国に干渉の手を差しのべたとき、思いがけない抵抗に突きあたった。暴動と日本人殺害は、いつ果てるともみえなかった。そこで東京の軍部と新聞は、思い切った処置と、武力による圧制を要求した。しかし伊藤は、穏便な出方を支持したのである。かれは、腐敗し切っていた韓国の国家制度に有益な改革を加えることにより、日本の統治下にある方が優っていることを、韓国民に悟らせることができると信じていた。……ヨーロッパでは、韓国における日本側の苛酷な仕打ちについてのみ聞かされているが、学校を建てたり、合理的な農業や養蚕を教えたり、鉄道や道路や港湾を設けたり、勤勉で熟練した日本の職工や農夫の手本を示したりして、日本側の挙げた業績については、何も知らされていない。しかし筆者は、三回この韓国を訪れて、親しくその事実を確かめたのである。……いつか韓国民自身が、恐らくこの暗殺を悔やむことだろう。――だが、日本にとっては、伊藤博文は掛替えがない。その老練無比の政治家を、国家は失い、無二の信頼すべき顧問を、天皇は失った」

ベルツのこの見解は、第一次世界大戦前の列強による植民地分割時代の〝良識〟なのだろう。

伊藤の死後、桂首相は、伊藤が行儀見習いの娘に生ませた文吉に伊藤の姓を名乗らせて男爵を奏請し、自分の娘・寿満子を嫁がせた。当時公爵家は、二つの男爵家を設けていいことになっていたという。

明治三十四年に、桂は首相就任挨拶のため、神奈川県夏島の別荘に政友会総裁の伊藤を訪ねたことがあった。伊藤が明治二十年に井上毅(こわし)や伊東巳代治(みよじ)らと泊り込んで憲法草案を起草した由緒ある別荘だが、帰りがけに玄関の式台に腰を掛けて靴の紐を結ぶ桂に、懐手をして見送りに立っていた伊藤は、「太郎も総理大臣になったら立派になったな」と声を掛けたという。

桂は同じ長州出身の元老山県有朋の後継者と自他ともに認められている。韓国の中央銀行の設立を巡って伊藤と対立した桂も、伊藤が韓国人に殺されただけに、悼(いた)む気持ちが特別強かったのだろう。

伊藤が暗殺されたことで、併合の気運は一気に高まり、翌明治四十三年八月に日本は韓国を併合する。

# 第三章　朝鮮銀行、満州へ進出

## 明治四十四年、朝鮮銀行へ名称変更

明治四十三（一九一〇）年八月二十二日に「韓国併合に関する条約」が調印されて、「韓国皇帝陛下は韓国全部に関する一切の統治権を完全且永久に日本国皇帝陛下に譲与す」（第一条）ることになり、八月二十九日には「韓国の国号は之を改め爾今（じこん）朝鮮と称す」という勅令が公布された。

続いて九月三十日には、朝鮮総督府および所属官署官制を公布し、現役の陸海軍大将から任命する朝鮮総督が、朝鮮の防備と政務を統括する統治機構が確立され、翌十月一日から施行された。初代総督には、韓国統監の寺内正毅陸軍大将が就任した。

国号が改められたことから韓国銀行の名称も朝鮮銀行に変更することになり、日本の法律に基づく「朝鮮銀行法」が明治四十四年八月十五日に施行され、韓国銀行はその設立の日に朝鮮銀行法により設立したものとみなすことになった。

朝鮮銀行法と韓国銀行条例の主な相違点は、兌換券の保証発行限度を二〇〇〇万円から三〇〇〇万円に引上げたことと銀行の主要事項の認可などの監督権を韓国政府から朝鮮総督へ移したこと（総裁のみ総督の推薦により政府が任命）であった。

ところで、この「朝鮮銀行法案」は、朝鮮総督府が立案して大蔵省との協議を経て明治四十四年三月の帝国議会に提出されたのだが、その審議の場で、植民地金融体制の根幹に関わる次のような議論が交わされた。

## 西南戦争の苦い経験を生かす

質問一「同一帝国領土内に二個の中央銀行を設け二様の銀行券を流通せしむるは種々不便なる場合を生ずべし、日本銀行兌換券にて統一せしめては如何」

荒井賢太郎政府委員（総督府度支部長官）は答えた。

「如何に朝鮮の経済状態は或る事情の為に動揺されても、それは日本の銀行には影響を及ぼさないと云う方針を執るが宜しいではないかと云う、こう云う趣意から特別な銀行を立て、特別な兌換券を発行すると云うことになりましたのであります」

北辺で他国と接壌する朝鮮では、一朝有事の際にどんな異変が経済に起きるか計り難い。そこで、鮮銀券をもって内地経済擁護のための一つの緩衝的機能を果たさせるという〝植民地銀行障壁論〟である。

そもそもこれは、明治三十年に首相兼蔵相として金本位制を実施した松方正義の主張であったようで、第一銀行から朝鮮銀行に転じて明治末年に本店国庫局にいた小西春雄は、理事の三島太郎にこんな議論をふっかけたことがあった。

「日本銀行の札（さつ）を台湾でも朝鮮でもまた世界中でも通用させればよいじゃないか。あんな特殊銀行を作って特殊の利権を与える必要はない」

三島理事は、「君の書生論はわかる。が、僕はこういうことを聞いている」として、こう答えた。

「松方正義大蔵大臣が云われるには、明治十年の西南戦争の際に紙幣が暴落した苦い経験を嘗めたことがある。それで朝鮮と台湾というものは今日本で一応政治を敷いているが何日何時どういうことが起らぬとも限らない。その万一の場合に本国まで全経済が破綻しては大変なことになる。それで国家百年の大計から先ず障壁として本国から切り離して別個にやってゆくのだ」

かつて、西南戦争のときに、政府は不換紙幣を増発して戦費を賄った。これによって、「二七〇〇万円の新紙幣と第十五国立銀行より政府へ借入られたる一五〇〇万円の銀行紙幣とは全く不生産的の事業即戦争に使用せられ……滔然内地に溢れて物価を激昂し、忽ち投機の弊風を醸し、商業の紛乱を生じ、我官民をして殆ど其底止する所を知る能わざらしめたり」(『明治貨政考要』)という大混乱を招き、明治十四年には〝円銀〟一円に対し紙幣は一円六九銭に下落した。

そこで大蔵卿の松方は、日本銀行を創立し、円銀との兌換券を発行して不換紙幣を整理して、ようやくインフレを収束させたのだが、この苦い体験があったから、内地との間の障壁として朝鮮銀行を設立したというのだ。

小西春雄は、「実に体軀の立派な、物に動ぜぬ東洋豪傑風の怪士で、徳川家康と尊称された」という。

大連支店の支配人を最後に朝鮮銀行を去ったが、戦後になって福岡市長だった昭和三十年にこんな感慨を記している。

「今度の敗戦で沁々と往年の財政家の深遠な思慮に思い当った。台湾銀行や朝鮮銀行が別になっていたということは日本経済の上に大きな幸福であった。若し台湾や朝鮮、さらに満州までが日本銀行の銀行券一本で流通しておれば日本の経済自体がどうなっていたか知れない。おそらく極度の混乱に陥っていたであろうと思われる。流石に昔の偉い連中は深い考えを持っていたとツクヅクと感心した次第である」

後述のように、日本は日中戦争がはじまると、中国の占領地に設立した中国連合準備銀行などの発券銀行の通貨で膨大な戦費を賄って、日銀券の負担を最小限に抑えた。

たとえば、日中戦争がはじまったときから昭和十九年末までの東京の卸売物価の上昇は一・八倍だったのに北京は四七倍だった。占領地では猛烈なインフレによって経済が破綻したのに、内地のインフレが小さかったのも、鮮銀券などが「まさに内地経済圏擁護の為めに一つの緩衝的効果を果した」ためだった。

## 新一〇〇円札発行

質問二「朝鮮銀行券の正貨準備に日本銀行兌換券を金貨と同様に見なした理由は何か」

朝鮮銀行法では、「銀行券発行高に対し同額の金貨、地金銀又は日本銀行兌換券を置き其の仕払準備に充つべし」と定めている。この質問にも荒井政府委員が答弁に立った。

「日本銀行兌換券は、ご承知の通り何時でも金貨と兌換出来るものであります……朝鮮に於ては金はご承知の通り十分産出はあるので、金貨を以てこの兌換準備を拵えることは決して難しいことではない、難しいことではないが、其朝鮮の産金は……日本銀行の方に積んで置くから、朝鮮銀行は寧ろ兌換券を以て準備に備えて置く方が宜しかろう、又之がために準備に不安の念を起すと云うことは毫もないのであります」

朝鮮の産金は日本銀行に集中するということだが、日銀券は大正六年の金輸出禁止によって事実上兌換を停止し、昭和五年一月から二年弱の金輸出解禁期を除いて不換紙幣になったから、「何時でも金貨と兌換出来る」という荒井の説明は早々に崩れた。

金準備は日本銀行に集中して、朝鮮銀行など植民地の発券銀行は日銀券＝円を発行準備にするというのは、金為替本位制の一種――「円為替本位制」である。

日本は明治三十年に金本位制を採用したものの、発行準備の大部分は日清戦争の賠償金をポンドで受け取ってロンドンで運用していた（在外正貨と呼ぶ）から、日本の金本位制は、正確には「ポンド為替本位制」というべきものであった。したがって、ポンド為替本位制の日本が、植民地には「円為替本位制」を適用していたということである。

この関係は日中戦争期になってさらに拡大され、占領地の中央銀行として設立された中国連合準備銀行や中央儲備銀行は、日銀券どころか朝鮮銀行や横浜正金銀行への預金、それも「預け合」という帳簿上で造り出された〝架空の円預金〟を準備として銀行券を発行する仕組まで生み出し、これで膨大な戦費や占領地の経営費用を賄うことにした。

こうして、発行準備の面でも、金はもっぱら日本銀行に集中するとともに、価値の維持が難しい占領地の連銀券との間には鮮銀券を介在させて日銀券への防波堤としたのだった。

朝鮮銀行法による新一〇〇円券は、大正三年九月一日に発行された。原版は、大黒札と呼ばれた大国主命の図案の旧日本銀行券を活用修正して使った。続いて四年になって、表

朝鮮銀行券100円

朝鮮銀行券10円

朝鮮銀行券 1 円

面右側に長い鬚の老人像が印刷された一円、五円、一〇円券が発行された。

この像は、学識高く名文家で金弘集内閣の外務大臣だった金允植（キムユンシク）であるとか、あるいは神功（じんぐう）皇后を補佐して古代朝鮮南部に拠った三韓を征したと記紀の伝説にある武内宿禰（たけのうちのすくね）ともいう。しかし、金允植はまだ生存していたし、また、二八四歳まで生きたとされる武内宿禰の肖像は、イタリア人の銅版画彫刻師エドアルド・キオソーネが日本銀行券にのせるために製作したものである。

モデルは、某大審院判事とも上野公園近くの五条天神の宮司ともいい、明治二十二年五月に発行した一円券にまず使われた。白く長い鬚もあるが、鮮銀券の老人像とは明らかに異なっており、日韓双方でそれぞれ都合よく解釈していたようだ。一〇〇円札の図案もまもなくこの老人像に統一され、のちに中国で〝老頭児票（ラオトール・ピアオ）〟などと親しみを込めて呼ばれることになったこの鮮銀券で、先に発行された第一銀行券や韓国銀行券が回収された。

## 「朝鮮銀行の過去及将来」報告書より

大正元年十二月、朝鮮銀行は韓国銀行として営業を開始してから三年を経過した時点で、「朝鮮銀行の過去及将来」と題する報告を纏（まと）めて当局の示教を仰いだ。一部を紹介する。

### 第一節　従来の営業

銀行券の発行高は、第一銀行券を引継いだ開業時の一一八三万円から大正元年十一月末二七二〇万円と、二・三倍になった。

朝鮮銀行は開業時に、第一銀行に銀行券銷却資金七九八万円を無利息二十年賦で貸付けているが、これを除いた総貸出のうち、政府公債を含む政府貸上金の比率は開業時より五割を超えており、大正元年九月末には七九パーセントに達した。残りの公共団体、銀行業者、一般先の比率はわずかで、朝鮮銀行の資金力は、朝鮮金融界の需要に十分に応じることができないほどまだ薄弱だった。

朝鮮の貿易は、明治四十四年二六一二万円、大正元年（十一月まで）三四四二万円と大幅な輸移入超過が続いており、明治四十三年八月開店の朝鮮銀行大阪支店を通じて決済した為替資金は、四十四年一五二九万円、大正元年（十一月まで）一七一〇万円と、純輸移入超過額のそれぞれ五九パーセント、五〇パーセントに達した。

朝鮮銀行が大阪造幣局に輸納した朝鮮産地金は、四十三年六・五トン、四十四年六・四トンと、大阪造幣局の輸納地金総量のそれぞれ五四パーセント、三六パーセントを占めた。

## 第二節　将来の営業方針

「朝鮮銀行の国外的任務は、国勢の対外的発展に緊要なる金融上の後援を云う。換言せば朝鮮の経済的勢力の満州方面に北進すると共に当行の営業範囲を此方面に拡張するにあり」

満州に営業範囲を拡張するのを朝鮮銀行は営業方針としたいというのだが、それは朝鮮銀行の「自衛の上より」のやむを得ない選択でもあった。

朝鮮の貿易は、初期開発投資もあって大幅な逆調になっており、朝鮮銀行は深刻な為替決済資金の不足に直面していた。不足額は年三〇〇万円内外に達し、それは朝鮮銀行が発行準備として持つ日銀券の減少を招いていた。放置すれば鮮銀券の発行ができなくなる。

一方、満州では、日本内地への出超が、明治四十三年二八五万円、四十四年五〇七万円に達していた。

「当行は其店舗を輸出超過の地に拡張し以て朝鮮に於て失う所の正貨を之に依りて補充せざる可からず……満州の適当の地に支店を設置し、一方には漸次当行銀行券……を以て輸出為替の買入を為さば為替決済資金の安全を期図する事は、蓋(けだ)し困難の業にあらざるべし」

要するに、鮮銀券の発行準備（日銀券）を内地のコールマネーだけに頼らず、「銀本位の満州に乗り込み何とか工夫して大豆の内地向為替を買う」ということである。そして報告書は、朝鮮銀行の満州進出は国策に沿うものでもあるとして、こう結んでいた。

「当行にして一度び店舗を満州の地に進め彼我貿易の進捗及び我が商民発展の後援をなさん乎、我が経済的勢力の扶殖と共に当行券が日本銀行券……に代りて盛に南満州一円に流布するに至らん。若し夫れ南満の経済界が一般に我が銀行券を使用するに至らんか、之れ我が経済的勢力の南満征服を意味するもの、即ち我が朝鮮が経済的に満州を併合したるものと云うべし」

鮮銀券を満州一円に流布させることで、朝鮮が満州を経済的に〝併合〟する――これほど端的に大陸進出の野望を表現した朝鮮銀行の公式文書も珍しい。

## 朝鮮銀行、満州へ進出

先のポーツマス条約によって日本が満州で行政権を認められたのは、旅順や大連を含む関東州租借地三四六二平方キロと、満鉄付属地――つまり安東県から奉天までの安奉線二六〇・二キロ、大連―長春間七〇四・三キロ、旅順線五〇・八キロ、営口線二二・四キロなど総延長一一二九・一キロの鉄道に沿う幅約六二メートルの純然たる鉄道用地と市街地、それに撫順、鞍山などの鉱区を合わせた一八二平方キロの地域だが、それは満州総面積のわずか〇・三パーセントにも満たない。

しかし、児玉源太郎満州軍総参謀長が日露戦争中に「戦後満州経営唯一の要訣は、陽に鉄道経営の仮面を装い、陰に百般の施設を実行するにあり」という「満州経営策梗概」を立案して、陸軍は満州の積極経営に乗り出した。それから六年半経って、いまや〃満州の積極経営〃は時流となってきていた。

朝鮮銀行が満州に店舗を出すことで〃朝鮮が経済的に満州を併合〃するというこの主張は、寺内総督の熱心な支援と大蔵、外務当局の支持により実現するのだが、ひとつ、朝鮮銀行が満州に進出するには、満州で銀建ての銀行券を発行している横浜正金銀行との業務分野の調整というやっかいな問題があった。

## 銀本位の中国

清国では、銀の重量を単位とした両─銭─分が通貨の単位として使われていた。一両(一〇銭＝一〇〇分＝一〇〇〇釐(り))は、清朝時代に銀を量る官秤だった庫平の場合で、五七五・八二グレーン(三七・三一二グラム)である。

光緒十五年(一八八九年)に、広東・広西の両広総督だった張之洞(ちょうしどう)が、鋳造設備を英国から輸入して「重量庫平七銭二分を以て準となす」一元銀貨の試鋳に成功した。翌十六年に「光緒元宝」と四種類の小銀貨を発行し、次第に全国各省の造幣廠(しょう)でも同じ紋様の銀元と小銀貨が鋳造された。この一元銀貨は、開港場を中心に清国を席巻したメキシコ弗(ドル)と同品位同量目だった。

こうして清国の通貨は、張之洞が銀元を鋳造したことにより、元来の銀の重量を単位とした両―銭―分と並んで、元―角―分の単位が、併用されることになって、一層の混乱を招いていた。

## 軍票の回収で正金銀行の勢力を拡大

明治三十七年に日露戦争が始まると、主戦場となった満州で日本軍は軍需品を調達する通貨をどうするかが問題になった。結局、日本は満州で受け入れられ易い銀で軍需品を調達することに決め、多額の銀を一時に用意できないため、「此票一到即換正面所開銀銭」と記した〝円銀〟兌換の軍票（軍用手票）を発行した。

日露戦争の軍事費は、日清戦争の二億二〇〇〇万円の九倍、一九億八四〇〇万円に達し、軍票の発行総額も一億四八〇〇万円を記録した。軍票は、戦争が終った時点でも、まだ五〇〇〇万円ほど満州で流通しており、各種の商取引はもちろん、現地民の日常生活に深く浸潤し、あたかも満州における統一通貨の観があった。

「日本の〝円〟を以て東亜の指導的通貨とする端緒が、既に眼前にある」

こう考えた阪谷芳郎（さかたによしろう）大蔵次官は、銀兌換の正金銀行一覧払手形を発行して軍票を回収することで、正金銀行の勢力を満州に伸張させることにした。

正金銀行は日清戦争後に清国へ進出して、明治三十五年から天津、上海、牛荘（営口）などの支店で、一覧払手形を発行していた。この銀券には、「憑票即付天津通用銀円」（天津支店発行一円鈔票）などと記されて、銀貨との引換えを保証していた。

明治三十八年十二月、日本政府は正金銀行に、「清国殊に満州の幣制を統一整理するが為め……日本一円銀貨を基礎とする幣制の実行を期する」ように指示し、翌年九月に勅令で、正金銀行の一覧払手形を、関東州および清国において公私一切の取引に無制限に通用する日本側本位貨として公認した。

正金銀行に、日露戦争後日本の勢力範囲に入った南満州での中央銀行の役割を認めて通貨を銀本位で統一しようということだが、阪谷のこの目論みは、期待外れの展開を辿った。「軍票は著々回収せられ……たるに拘らず、銀行券の発行高も亦漸減の傾向を辿り、三十九年末に於て未だ三百万円に達せず、両者合するも其の市場流通高は僅々六百八十余万円……」（『明治大正財政史』第十五巻）

## 現状容認の正金銀行vs大陸積極論の朝鮮銀行

正金銀行の銀券が流通しないのに業を煮やした日本側機関は、日本政府の円銀による満州通貨統一方針を無視して、まず関東都督府が明治四十年四月に収入を金建てに改め、五月には陸軍省の要求で在満軍人軍属の俸給や手当も金貨支払いにした。続いて満鉄も、六月頃より社員の俸給を金建てに切り替え、十月には鉄道運賃も銀建てから金建てに改めたので、満州では日本銀行券の需要が増加していた。

満州の通貨を、銀建てから金建てに改める——これは、煎じ詰めれば、日本が「満韓を経略し、版図を海外に拡張する」（橋本左内）かどうかの問題である。

いうまでもなく、満州は清国の領土である。

清国政府の宗主権を尊重して、その幣制統一に協力するというなら、日本が租借地の関東州や満鉄付属地で使用する通貨は、銀建てということになる。しかし、これでは満州は〝円〟通貨圏とはいえず、関東州や満鉄付属地も、満州の一部として日本から切り離された存在でしかない。

「大連地方は畢竟大阪神戸の延長地と見る可く、満州の一部と見るより寧ろ本邦の一部と見るを穏当とす、従って通貨は金本位を可とす」

久保田勝美満鉄理事の主張である。日本側機関のすべての収支を金建てに改めて「此儘金の使用を継続せば、早晩満州全体金を使用するの期来るべし」——満州は円経済圏に入る。

しかし、金券（日銀券）の需要は増加したものの、日本銀行の支店が満州にないため供給に円滑を欠いた。政府は、明治四十二年十二月に、国庫金を取扱う在満金庫（正金銀行に委託）を日銀券建て収支にして、日銀券の不足には内地からの送金によって対処することにした。

さらに四十三年五月には、国庫金三〇〇万円を正金銀行に融資して満州での長期低利貸付資金としたが、これで金券の不足と銀本位の不便が解消したわけではなかった。

「満州に於ける金融機関は横浜正金銀行の独占にして普通銀行は殆んど絶無……内地大銀行の支店なき故正金銀行に拒絶せられ又は正金銀行に依頼するを好まざる本邦人は遠く内地に走るにあらざれば長期のみならず短期の資金をも調達するを得ざる……」（大蔵省『満州金融問題に就て』大正二年）

解決策は、新たに特殊銀行を設立して金券を発行するか、日本銀行の支店を出すか、満州を朝鮮銀行の営業区域とするか、正金銀行に金券を発行させるかの四案が考えられた。

大正二（一九一三）年に入って朝鮮銀行は満州出店を政府に請願した。しかし、朝鮮銀行の資金力はまだ薄弱で、満州の金券需要に十分に応じることは期待できない。それに、独占を崩される正金銀行が、「同一地方に同種営業をなす特殊銀行二個を認むるは銀行制度として不統一の嫌（きらい）あり」と強く異議を申し立てたので、大蔵省は両行の要請を容れて、朝鮮銀行の満州進出を認める代わりに、正金銀行には金券発行権を与えることで決着をつけた。

大正二年五月、寺内総督は朝鮮銀行に満州進出を命じ、七月に奉天、八月に大連、九月に長春に朝鮮銀行の出張所が開設され、鮮銀券の満州での流通も事実上公認された。

また、正金銀行も同年七月から金券を発行し、満州では同行の銀券と金券とが並行して流通することになった。

正金銀行の金券発行権は五年後には朝鮮銀行に移されるのだが、銀建ての満州の現状を容認して満州経営を「日満の貿易の見地よりするだけに止めたい」とする正金銀行＝銀建て派と、軍事力に代って金券を先兵として満州を日本の経済圏に取り込もうとする〝大陸積極論〟の朝鮮銀行＝金建て派との激しい対立が続いた。

# 第四章　第一次世界大戦と中国借款

## 日本へ流れこむ黄金の洪水

一九一四（大正三）年六月、ボスニアのサラエボでオーストリアの皇太子夫妻が、セルビアの民族主義者によって暗殺されたことから、第一次世界大戦が勃発した。

同盟国のイギリスから参戦要請をうけた日本は、八月二十三日にドイツに宣戦すると、山東半島に出兵してドイツの膠州湾租借地を占領し、済南と青島を結ぶドイツ山東鉄道とその支線、沿線のドイツ人経営の炭坑や鉱山を接収した。また、マーシャル、マリアナなどの赤道以北のドイツ領南洋諸島を占領して、年末までに開戦目的を達した。

そして年明け一月、日本は、袁世凱大総統に五号二十一カ条からなる要求書を突き付けて、この山東半島のドイツ権益の処分権の承認、日露戦争でロシアから割譲された関東州と満鉄などの租借権の延長、官営八幡製鉄所に鉄鉱石を供給している漢冶萍煤鉄公司の将来の日中合弁経営などを迫り、五月に調印を見た。

折から、事実上の非交戦国という有利な立場の日本には、軍需品などの注文が殺到して、空前の好況が到来しつつあった。横浜や神戸の港には、来る船、来る船金貨が持ち込まれて〝黄金の洪水来〟が叫ばれ、輸出品は税関の屋根の外にまであふれた。

大正四年一億七五〇〇万円、五年三億七一〇〇万円、六年五億六七〇〇万円……出超額は急増して、大正三年末に三億四一〇〇万円にまで落ち込んだ正貨現在高も、四年末五億円台、五年末七億円台を記録し、六年末には一一億円を超えて、日本は初めて対外債権国に躍り出た。

〝欧州の多事〟はまだ始まったばかりで、勝敗の帰趨は見えなかった。流入するこの膨大な黄金と、列強が留守の東アジア――いよいよ〝円外交〟の出番である。

## 韓国貨幣消滅

大正四年十月、朝鮮銀行の市原総裁が病没し、後任には寺内正毅朝鮮総督の慫慂(しょうよう)により前大蔵次官の勝田主計が就任した。

学生時代を正岡子規と東京・本郷にあった旧松山藩の常盤(ときわ)会寄宿舎で過ごした勝田は、愛読書『荘子』からとった「焦明」を俳号としていた。まもなく、それが「明庵」となり、大蔵省に入って、函館税関長としてロシアの南下政策を探ったり、対露戦争に備えて欧州に出張してロシアの財政経済力を調査する明治三十四年から、「宰州」に変わった。「州をツカサドる」――、「州」はアジアなのか。命名したのは勝田の妻のイヨともいうが、気宇壮大な夢を託したことは間違いない。

勝田の総裁就任には西原亀三も一役買っていた。朝鮮に十三年も逗留して共益社という綿業の同業組合を主宰していた西原は、このとき寺内総督に、「朝鮮銀行の使命というものは……満州、支那に対する経済的進出の中枢機関たるべきものなので、その総裁には勝田氏が最適任である」と進言しており、こんな宰州・勝田が第二代総裁に就任したことで、朝鮮銀行は大陸進出を一気に加速させる。

勝田総裁は、翌年十月に寺内正毅内閣が成立すると、大蔵次官に再任され、二カ月後に大蔵大臣に就任した。総裁在任は、わずか十カ月足らずだったが、蔵相まで通算した二年九カ月の間に、朝鮮銀行は飛躍的な業容拡大を遂げている。

まず大正六年十二月に、勅令によって鮮銀券は、関東州および満鉄付属地で「公私一切の取引に無制限に通用するものとす」と強制通用力を付与された。

かわって、正金銀行は、為替銀行として固有の業務に専心することになり、まず長期金融（不動産抵当貸付）は東洋拓殖会社に譲り、また正金銀行の金券は大正六年十一月末で発行を廃止し、同行の銀券も満州において強制通用力を認めないとされた。

これに伴い国庫金の取扱いも正金銀行から朝鮮銀行に引き継がれ、正金銀行の旅順、遼陽、鉄嶺（てつれい）、安東県の四営業所も朝鮮銀行に譲渡された。

朝鮮銀行は、対内地貿易の逆調によって発行準備が流出するので、満州で輸出為替を取入れるため、大正二年に大連、奉天、長春に出張所を開設した。それからわずか四年で、朝鮮銀行が関東州および満鉄付属地の中央銀行の地位に就き、「全く寺内元帥と勝田氏でなければコンナ思い切った政策を断行することは出来なかった」（飯泉幹太・朝鮮銀行庶務局長）のだが、正金銀行は「遂に満州から排斥された形になった」（『横浜正金銀行史』

大正九年)。

正金銀行は、翌七年になると勝田蔵相が進める西原借款をことごとに妨害し、満州での金建て銀建て論争を蒸し返す——。

店舗も、満州での鮮銀券流通促進のために増設が続き、大正五年四月に四平街と開原派出所を出張所に昇格し、七月にはハルビン支店、九月には営口支店、十二月には伝家甸派出所を開設した。

続いて、大正六年は吉林支店と青島支店ほか満州に二店、七年は上海支店と天津支店ほか満州に六店、シベリアに四店を増設した。シベリアと北満州の増設はシベリア出兵に伴うもので、この結果、鮮銀券は北満からシベリア一円にまで流通圏を広げた。

鮮銀券の発行高は、正金銀行の満州での金券発行高四五三万円を継承したことも加わり、大正四年六月末二二三六万円から七年末一億一五五二万円と三年半で五倍に急増した。

なお、大正七年四月に「貨幣法」が朝鮮にも施行されて貨幣制度は法的にも内地と同一になり、同時に法律「旧韓国貨幣の処分に関する件」が公布されて、葉銭を除く旧韓国貨幣は大正九年末限りで姿を消すことになった。

## 奉天省と借款契約締結

そして中国への借款にも朝鮮銀行は乗り出した。

世界大戦の勃発は、中国に深刻な影響を及ぼした。中国の通貨が銀を本位にしていることは、すでに述べた。その銀価に大戦の影響がようやく及んで、ロンドン銀塊相場は、大正四年十二月の一オンス二二ペンス一六分の五を最低に反騰し、わずか半年間に六割以上も騰貴した。このため、預金者は預金を引出して紙幣の兌換を要求し、また銀貨の鋳潰しも大量に行われた。

そこで中華民国国務院は、大正五年五月十二日に、兌換停止を中国、交通両銀行に命じたが、日本が勢力範囲とする南満州でも、日本人の間に一斉に兌換請求が出て深刻な事態をもたらし、善後策に苦慮した奉天省長の張作霖（ちょうさくりん）は、朝鮮銀行に借款を申込んだ。六月、朝鮮銀行は、奉天省財政庁と金融救済資金一〇〇万円の借款契約を締結し、続いて八月にも二〇〇万円を締結した。

この借款契約には、朝鮮銀行の小西春雄奉天出張所長と奉天省財政庁長王樹翰（おうじゅかん）が往復書簡で取り交わした「別約」三条があった。

一、財政庁は在奉天省城支那各銀行の整理改善……に関し朝鮮銀行の進言を求め……

二、財政庁は在奉天省城支那各銀行をして朝鮮銀行と諸取引を開始せしむる様尽力する

三、財政庁は自己及在奉天省城支那各銀行に於て公金の受払をなす場合に朝鮮銀行及其の他日本の銀行の発行する金券を市場の相場を以て授受する

奉天省借款が纏まったこの機会に、朝鮮銀行は、進んで満州に日本と同一本位の通貨を普及させて〝朝鮮と合体すべき経済地域を作る〟というのである。

朝鮮銀行は、翌々大正七年四月二十二日にも、奉天財政庁とさらに三〇〇万円の借款契約を結んでおり、この借款は約定通り元利とも償還された。

奉天省借款で満州の幣制整理の手掛かりを摑んだ勝田総裁は、大隈(おおくま)内閣の交替を前提に対中国経済外交策の立案に取りかかった。

## 大隈内閣の対中国政策の混乱

中国では、大正四年一月の「二十一カ条の要求」の内容が報道されると、排日の火の手があがった。中国向けの日本商品の輸出は、日貨排斥により同年二月から七月までの半年間に、対前年同期比三割も減少した。中国は、最後通牒を日本が突き付けた五月七日と受諾させられた九日を〝国恥記念日〟とし、中国の民族運動は反日抗日運動に一本化されていく。

日本は、「二十一カ条の要求」で南満州での土地の商租権を得た。しかし、中国政府はその直後の六月に「懲弁国賊条例」を公布して、外国人への土地賃貸を死刑をもって禁止した。

以来、この問題は日中の交渉案件になったが、親日家で、このとき外交部次長として交渉に当たった曹汝霖（そうじょりん）は、「賃借権が満州事変の遠因になろうとは思わなかった」と悔いている。

「二十一カ条の要求」は、欧州動乱の隙に乗じて日中間の懸案を一気に片付けようとしたものだが、山県、松方、井上らの元老は反対意見だった。

オランダ公使の幣原喜重郎（しではらきじゅうろう）も加藤高明外相に私信で「不可なる所以」を伝えたし、広田弘毅通商局第一課長も最後通牒の提出に反対して、尾崎行雄法相に「内閣で反対してくれ」と訴えた。また、安東領事の吉田茂（後の総理）は在満の領事たちに反対運動を呼びかけたので、「一領事の分際で、本省決定の方針に反対するとは怪（け）しからん」と本省内でも一番の閑職の文書課長心得に左遷されている。

大隈自身のちに「顧みて過去の行程を想う時、その大部分は……失敗と蹉跌（さてつ）との歴史である」と嘆じたというが、大隈内閣の対中国政策の混乱は続く。

大正四年秋、袁世凱大総統は、自らが皇帝になる帝制実施の準備を始めた。日本は、英仏露三国を誘って帝制延期を勧告し、十二月に雲南省をはじめ華南の各省が帝制に反対して第三革命の兵を挙げると、日本の右翼や大陸浪人は、陸軍の援助の下に、南方の革命派や清朝復活をはかる満州の宗社党を煽って攪乱（かくらん）工作に乗り出した。大隈内閣は、「之を黙認する」と閣議決定してこれに追随し、大正五年五月には宗社党を応援する川島浪速（なにわ）一派の一予備少尉が爆弾を懐中に張作霖の馬車に体当りして自爆した暗殺未遂事件も起きた。

「挙国一致袁を倒す事を国論となさんとするが如き途方もなき事をなし、而して内々革命党を助けて騒動を起さしむるも何の目的もなく……」

かつて閔妃暗殺事件を起こして無罪になった枢密顧問官の三浦梧楼は、加藤高明にこう直言し、加藤も「大体は三浦の意見に同意なり」と応じた。加藤は、大正四年八月に外相を辞任していたが、「二十一カ条の要求」をやった加藤に見放されるほど、「大隈内閣の中国に対する暴戻な無軌道振り」に内外から非難の声があがった。

時代錯誤な日本の対中国政策――、農商務省臨時産業調査局の報告書はいう。

「日露戦争後は列強の侵略的行動は全く跡を絶ち、是より支那に於ける列強の競争は純ら経済上の競争となり、何れも有利なる事業に資本を投下し以て利益を収むると共に、自国の勢力を扶植せんとし、就中鉄道投資競争盛んに行なわるゝに至れり」

アメリカの国務長官ヘイが一八九九（明治三十二）年に中国の「門戸開放・機会均等」を列国に提議して以来、中国での列国の利権競争は、武力による侵略から資本による経済競争に転換した。いまだに武力に頼る日本の対外戦略は、十年以上も遅れているというのである。

## 経済外交で日華親善を図る寺内内閣

政友会総裁の原敬は、「目下の如く小策を弄し、列国の猜忌を招き支那人の反感を買うは如何にも将来危険なりと思う。局面を一変して日支の関係を新たにすることが必要」という。「局面を一変」、つまりは、政権交替が必要ということで、元老山形有朋は、大隈の後継を、山県と同じ長州閥の寺内朝鮮総督と決めていた。

大正五年七月四日、元帥賜号御礼のために上京した寺内は、田中義一参謀次長から「次期内閣を場合により引請る」云々の山県の伝言を聞いた。寺内はそのまま東京に止まり、西原と勝田主計に、経済借款に重きを置いた対中国政策の立案を指示した。勝田はいう。「当時支那は全体に、日本に対して甚だ悪い感情を持って居った、所謂利権回収、排日というような事柄が盛んであって……何とかしてこれらの誤解を一掃し、列国の鋒先を和げたいと日夜苦労したが、その頃から首相の胸中には対支政策建直し策として、対支借款の問題が奥深く秘められていた」

折りから日本には膨大な外貨や金貨が流入している。経済外交の出番である。勝田は、「二十一カ条の要求」や満蒙独立運動に代表される武力を背景とする中国進出に代えて、ひたすら〝巨資放下〟による日華親善策の立案に取りかかった。

一九一六年六月、中国では袁世凱大総統が病死し、黎元洪（南方派）が後を継いだ。唐継堯らの南方軍務院は北京政府に臨時約法の復活、国会再開を要求し、黎大総統が受諾したことから南北の妥協を見て、段祺瑞内閣が成立した。

七月下旬、西原と勝田は、「時局に応ずる対支経済的施設の要綱」を纏めた。寺内も〝全然賛成〟したというこの「対支経済的施設」は、中国に日本貨幣と形状量目呼称同一の金貨幣併用の法律を制定させて、中国の幣制統一を目指すという内容だった。

金紙幣は、満州と直隷省、山東省に日本の出資で新設する三つの省立銀行が発行して漸次全国に普及施設するか、「代ゆるに現在兌換を停止し窮状に陥りつつある交通銀行を救済整理し金資本、金紙幣発行に変更活用するあらば或は捷径ならず哉」としていた。

交通銀行は、中国銀行とともに国庫金を取り扱い、紙幣発行権を持つ。全国に七十余の支店を構えて各地方に十分の地盤を持つうえ、国有鉄道の機関銀行でもあり、事業の上では中国銀行を上回っている。

ちょうどこの時、交通銀行は、日本側に借款を申込んできていたから、この機会に日本が交通銀行の経営に参加し、金紙幣を発行させて銀紙幣を回収する。そして日中貨幣混一併用を実現することで、わが経済的勢力の中国扶植を容易ならしむ——という筋書きだが、しかし、中国にはどれほどの通貨が流通していたのか。

財政部が大正二年六月から年末に調査したところでは、紙幣だけで、中国紙幣三億七二〇〇万元、外国銀行券五〇〇〇万元、合計四億二三〇〇万元に上った。

勝田蔵相も、大正七年七月に作成した「支那幣制改革実行尚早論」の中で、「支那幣制改革所要見積額約参、四億円は、或は之を支那内地に現送し、或は之が一部を在外正貨準備として〝イアーマーク〟して日本内地に保留することとなるべく……」と述べており、中国の通貨を金本位で統一するには、巨額の借款が必要と見られた。

その巨額の対中国借款――、勝田蔵相によって大正六年九月に中国駐劄財務官に任命された小林丑三郎博士によれば、「総額に於て四億六千二百万円の巨額に達すべき計画」の西原借款の構想が、次第に具体化してくる。

しかし、当時の日本の経済規模は、大正三年末の正貨保有高三億四一〇〇万円、対中国投資累計一億二〇〇〇万円、大正五年の一般会計歳出累計額五億九〇〇〇万円ほどに過ぎない。

そんな巨額の地金を、日本は、正貨準備擁護の財政方策に背馳することなしに中国に〝割愛〟できるのか。欧州の大禍乱を天佑として日本円で中国経済を〝併合〟しようとする〝円外交〟の成否は、この点にかかっていた。

八月十日、西原と勝田総裁は、中国に対する経済的施設として、まず交通銀行の整理救済を進めることを確認した。

この頃、勝田は、朝鮮銀行の木村雄次理事に尋ねたという。

「朝鮮銀行に五〇〇〇万円位のカネが余裕ないか、あれば交通銀行に融資したいがどうだ」

しかし、奉天省に三〇〇万円を貸し出した朝鮮銀行に、そんな余裕はなかった。

## 交通銀行借款の筋書き

大正五年十月四日、大隈首相が辞表を奉呈し、十月九日に寺内内閣が政党に基礎を持たない超然内閣として発足した。蔵相は寺内が兼摂したが、寺内は勝田に「適当の時機に君に譲る」と約束して次官就任を承諾させ、二カ月後には約束通り蔵相に据えた。

勝田と西原は、交通銀行借款の「筋書き」を練り上げ、西原は、勝田が大蔵大臣に就任した翌日(十二月十七日)、寺内首相から「支那を訪問せよ」との命を受け、勝田から国策研究費二〇〇〇円を受領して、北京へ向かった。

それまでに勝田は、対中国借款の金融機関系統を次のように決定して、「支那に於ける借款ということであれば、何も彼も横浜正金銀行一手で以て之をやる」慣習を改めた。

一、政治借款は従来の如く横浜正金銀行之に当ること。
一、経済借款は日本興業銀行、朝鮮銀行、台湾銀行主として之に当ること。

中国への借款を取り扱う機関として、明治四十二年に英仏独三国の資本家が合同して組織した三国借款団があった。翌年アメリカが参加し、続いて日本とロシアも加入したが、大正二年の決議で、この六国借款団の対象は政治借款に限られた。そこで、六国借款団の日本代表である正金銀行には政治借款だけを担当させ、実業借款からは外したものである。

北京に着いた西原は、交通銀行総理に内定している曹汝霖や交通銀行株主会長の陸宗輿と交渉を開始し、十二月二十八日には、為替資金および交通紙幣の相場回復に充当するための第一次交通銀行借款日本金貨五〇〇万円をまとめた。

この借款の原資五〇〇万円は、日本興業銀行（二〇〇万円）、朝鮮銀行（一五〇万円）、台湾銀行（一五〇万円）の三銀行が自己資金で賄い、三銀行は、政府から元利保証の承諾を得た。

この借款は、三年後に契約通りに償還になり、この間の利払いも約定通り行われた。西原借款総額一億四五〇〇万円のうち、返済されたのはこれだけで、他は元利ともに戻らなかった。

大正六年九月二十八日には、三銀行と第二次交通銀行借款二〇〇〇万円が契約され、交通銀行の各地の支店は兌換を開始したが、兌換券で引き出される預金が三〇〇〇万元もある北京本店だけは兌換開始に踏み切れなかった。二五〇〇万円の借款ではまだ足りないのだが、日本側はその原資の手当てをどうするか。

第二次借款二〇〇〇万円は、郵便貯金などを運用管理する預金部資金で賄ったが、木村雄次朝鮮銀行理事によれば、「要するに西原借款のカネというものは捨て石なんだ、期限に返るということはないかもしれんと勝田蔵相も常に言って居られました」ということで、そんな資金を預金部から続けて出すわけにいかないし、三銀行も負担できない。

勝田蔵相から相談を受けた木村理事は、政府保証の日本興業銀行債券を発行して原資を調達する案をたてて勝田の賛同を得た。

興業債券一億円政府保証の議案は、第四十議会で採択され、一億円の対中国経済借款の目途がついた。

第四十議会閉院式の大正七年三月二十七日、勝田は、久し振りに俳句を詠(よ)んだ。

そろそろと　菊の根分ける　日となりぬ

「それは丁度(ちょうど)対支借款の案が議会を通った後で、これからいよいよ実行という時だったから、日本の経済的勢力を大陸へ移し植える、その喜びの日が近づいたという意味を、菊の根分けにたとえて、この一句の中に抱負の一端をあらわしたのだった」

後に、勝田はこう語っている。当時の日銀券や台銀券には、国家主権を現すものとして表面真上に菊花が据えてあった。

四月三十日　有線電信借款　二〇〇〇万円
六月十八日　吉林会寧鉄道借款前借金　一〇〇〇万円
八月二日　吉林省黒竜省森林鉱山借款　三〇〇〇万円

西原は、北京に出向いて次々と借款を成立させていった。日本側窓口は、すべて三銀行である。資金使途は、段内閣の建軍費や政費だったが、たとえば有線電信借款の場合は、勝田蔵相から西原に「用途に関し政治借款と見らる丶を避くる為、用途を適当なる名、例えば電信事業改良費とすること」と指示があって、四国借款団が優先権を持つ政治借款とせずに経済借款の体裁を装った。

また担保も茫漠として極めて簡略な契約になっていた。これが西原が進める〝円外交〟の実態だが、西原は、これらの借款とは別に、さらに一億円の借款で中国に官営製鉄所を建設して日本の鉄自給策を確立する交渉も始めた。

## 〝日支貨幣混一併用〟進まず

しかし、これらの〝捨て石〟の先にある寺内内閣が対中国政策の中心課題と位置づけたもの——満州を鮮銀券で制圧するとともに、大規模な借款で交通銀行を救済して鮮銀券とリンクした金券を華北で発行させ、「交銀鮮銀間に相互発行金券の受入を約し相互共通的に流通の道を開く」という〝日支貨幣混一併用〟の交渉は、どう進展していたのか。

北京に出向いた西原の任務は、一口でいえば、金券発行と鉄自給策の確立だった。そして、交通銀行の金券発行は、結局は金準備をどれほど中国に割愛できるかにかかり、また鉄自給のための一億円借款は、烟酒公売収入担保を条件にしていた。金準備の割愛と、烟酒公売収入担保——この二つが、西原が任務を達成するための前提だったのである。

ところが、まず金券発行に問題が出てきた。

大正七年五月十三日、曹汝霖財政総長は、中国、交通両銀行の幹部との連合会議で金券発行問題を討議し、「中国交通両銀行にて金券を発行すること、金単位は日本と同一にせざること」と決定した。金単位は日本と同じ二分を一元とするが、日本と中国では秤量の公差が一〇〇〇分の五・三余あるので、その分だけ中国の金量が小さくなる。

しかし、日本側は、中国が日本円と形状量目呼称同一の金券を発行することを前提として、今までの借款交渉を進めてきた。最終目的は、日本円による中国の〝経済的併合〟であるが、たとえ僅少でも日中両国の貨幣に公差があったのでは、〝日支貨幣混一併用〟は実現しない。

加えて、金券発行問題には、三、四億円もの金準備を割愛できるかという、煎じ詰めれば日本の国力の問題があった。さまざまな曲折の末に、六月十三日、勝田蔵相は西原に打電した。

「交通銀行券発行の問題は、結局は金準備を支那に割愛し得るや否やに存す。而て目下戦局の前途はなお逆睹（ぎゃくと）すべからず、帝国は正貨保有に付き厳密の用意を要す故（ゆえ）に、帝国と支那との間に根本的経済連絡成り幣制の実行に付ても相当の成案を得た上ならでは、正貨を支那に割愛するの決心を為すこと困難なり」

シベリア出兵が八月に迫っており、北満州派遣を含めて七万二〇〇〇の兵力を動員したこの大規模な軍事行動を目前にして、財政を預かる勝田としては、金準備割愛に消極的にならざるを得なかった。

そして、烟酒公売担保の方も難しくなった。煙草と酒の公売事業は民国四（一九一五）年に創設され、民国六（一九一七）年の予算では、一七〇〇万元の収入が見込まれていた。この公売事業をさらに整理改善すれば、収入は年額六六〇〇万元に増加すると目された。中国に残されためぼしい担保はこれぐらいしかないが、この烟酒公売事業収入はシカゴ大陸通商銀行の借款三〇〇〇万ドルの担保になっていた。さらに、大戦終了後に結成される新四国借款団の担保にも予定されており、こんな国際管理下にある唯一の財源を、日本が独占して鉄自給策に流用することなど不可能だった。

## “円外交”の試み、西原借款

大正七年八月七日、西原は北京を発って帰国の途についた。滞京七十日、その間に、吉会鉄道前貸一〇〇〇万円と黒吉林鉱借款三〇〇〇万円を成立させたが、肝心の日中両国の「根本的経済連絡」については、離京の前日に、国営製鉄廠借款契約などのいくつかの覚書を曹総長と西原の間で交換するに止まった。

それでも、中国政府は八月十日に金券条例と幣制局官制を公布した。

「先ず一金単位幣を定め之を金元と名付け純金〇・七五二三一八グラム即庫平二分〇一毫

六絲八忽八を含ましめ……中国、交通両銀行に金兌換券の発行を特許し……将来適当の機会あるを俟ちて金銀の比価を定め金本位制を実行し金兌換券或は金元を以て一元銀幣の用に代ゆ」（幣制節略）

日本円との金の重量差は、一〇〇〇分の五・三から一〇〇〇分の三・一に縮小したものの、「同一」にはならなかったし、結局、金券も発行されなかった。

八月十一日、西原は東京に着き、それを待って十七日に、章宗祥駐日公使から後藤新平外相に、「中国政府は西原との協定を日本政府に於て承認するに於て製鉄其他に関する総て協定を実行する」と申し出てきた。鉄自給と金券発行――「日支経済提携」を進行しようというのである。

しかし、寺内首相はすでに四月の初めに辞意を元老山形有朋に伝えていた。心臓を患う寺内は、病状が悪化していた。

西原が曹総長と覚書を交した製鉄廠借款一億円は、この三月の第四十議会で承認を得た興業債券一億円の政府保証の他に、さらに一億円の保証枠を追加しようというものである。退陣間近の内閣が、次の内閣に一億円もの巨額の追加負担を強いるこのような決定は、見送られる運命にあった。「支那製鉄廠借款案」は九月十七日に閣議決定を見たが、原内閣になって十二月二十四日の閣議で「一旦打切ること」と決まる。

九月十三日の閣議のあと、寺内首相は辞意を各閣僚に内告した。その翌日、曹総長から、二〇〇〇万円を欧州大戦の参戦借款とし、四〇〇〇万円の政費を山東半島の済順、高徐、二鉄道借款として、寺内内閣の期間中に成立させてくれと督促してきた。章公使が後藤外相に「製鉄其他に関する総て協定を実行する」と申し出たのも、この政費借款を狙ってのことだった。

第四十議会で採択された政府保証興業債券一億円のうち、まだ四〇〇〇万円の枠が残っている。勝田蔵相は、これを活用して、目前に迫った講和会議に備えて、山東半島と満蒙における日本の特殊権益の強化を図るため、山東二鉄道借款と満蒙四鉄道借款名義でそれぞれ二〇〇〇万円、それに別途預金部から二〇〇〇万円を参戦借款として支出する案を作成した。

九月二十一日、寺内首相は辞表を捧呈し、西園寺公望（きんもち）の大命拝辞を経て、二十七日に政友会総裁の原敬に組閣の大命が降下した。

そして二十八日、寺内内閣最後の日にこれら三借款が成立し、それを待って翌二十九日に原内閣が発足した。

西原借款は、中国の政権統一を前提にして構想されたものだった。政府保証興業債券一億円と参戦借款二〇〇〇万円、交通銀行借款二口二五〇〇万円――合計一億四五〇〇万円の西原借款の大部分は、「政権統一」のための政費や戦費として費消された。

しかし、寺内内閣が、大正六年七月二日に閣議決定までして支援した北洋軍閥の巨頭・

段祺瑞による武力統一の試みは、北洋軍閥のなかで安徽派と直隷派の対立が始まって各省督軍は割拠的勢威を張り、大正六年九月には孫文が広東軍政府を組織して南北両政権が対立する事態を迎えて、完全に失敗に終わった。

一九一八(大正七)年、寺内内閣の後を追うように、段祺瑞も十月十日に国務総理を免じられ、十一月十一日には、ドイツが連合国と休戦協定に調印して、第一次世界大戦が終結した。そして、十六日には、徐世昌大総統が、十月十三日の米国大統領ウィルソンの南北統一勧告を受け入れる形で、南北停戦を命令し、広東軍政府も休戦命令をもってこれに応えた。

西原借款は、欧州大戦という「大正の天佑」の合間を縫って、日本が初めて純然たる資本の論理に従って対外戦略を展開しようとした一つの実証だった。

やっとの思いで時代遅れの武力進出から経済的方策に切り換えたのだが、大戦の終結を目前にして、この史上初の〝円外交〟はわずか二年ほどで幕を引かざるを得ず、寺内内閣が夢に描いた「日支経済の提携」も成らなかった。

## 西原借款失敗の背景

西原借款が、こうした結末に終わった背景には、大倉組が持つ鉄鉱石の採掘権や正金銀行の既得権を無視し、外務省の反発を招いたといった国内事情もあった。また、借款や金券発行問題にはまず手をつけるが、根本的重要問題は後回しにする中国側の巧みな駆け引きも際立った。そして、加えるにアメリカを始めとする列強の日本の秘密借款に対する風当たりの強さ――。

「一九一七（大正六）年に米国の外交は、史上空前の対日大攻勢を行う準備を整えていた」

ホイットニー・グリスウォルドは、『米国極東政策史』でいう。ウィルソン大統領は、ドイツと休戦が成立すると、全精力を集中して対日攻勢に転じるが、その準備として六年中に次の四原則を用意した。

一、新四国借款団を組織し、日本の単独対支投資を拘束する。
二、連合国をシベリアに出兵させ、その沿海諸州をロシアより分離せしめんとする日本の意図を妨害する。
三、山東省の支那への還付を主張する。
四、非侵略と集団保障とのウィルソン原則を……太平洋及び極東地域に適用する。

そして、新四国借款団は大正九（一九二〇）年十月に発足し、シベリア共同出兵も七年夏に始まって、ウィルソン原則の一と二は、実現する。そして、大正十年十一月には、軍備制限および極東問題討議のために英米仏日伊の五大国に、ベルギー・中国・オランダ・ポルトガルの四カ国が参加してワシントン会議が開催され、日本が大戦中に占領した膠州湾租借地の中国への返還などが決まる。また、四のウィルソン原則も、この会議で締結された「中国に関する九カ国条約」に、「支那の権利利益を擁護し且機会均等の基礎の上に……」という趣旨が盛り込まれて、ウィルソンの日本挑戦は着々と成果を上げていく。

なお、西原借款のその後の整理に触れておくと、大正七年末の朝鮮銀行の西原借款を含む対中国投資は、五〇三九万円に達した。

西原借款一億四五〇〇万円の朝鮮銀行の分担は、四八一六万円だった。元資は、第一次交通借款分担一五〇〇万円が自己資金、あとは預金部資金と政府保証興業債券である。このうち、自己資金分は大正九年一月に約定通り償還された。残りは延滞したが、大正十五年になって、政府保証興業債券一億円（朝鮮銀行の分担は三分の一）を政府が肩代わりして整理した。

# 第五章　シベリア出兵と鮮銀券の〝シベリア出陣〟

## ロシア革命勃発

第一次大戦下、一九一七（大正六）年三月に敗戦続きのロシアで革命が起きた。皇帝ニコライ二世は、労働者・兵士ソビエトと結んだ議会の要求によって退位し、三百余年の歴史をもつロマノフ王朝は滅びた。革命が起きると、国会の指導権を握る資本家勢力は、ソビエトを足場とするメンシェヴィキや急進的小市民層を代表した社会革命党と連携して臨時政府を成立させた。

七月には社会革命児のケレンスキーが首班となったが、この頃から、バルト海東部沿岸のリガからルーマニア北境に至る東部戦線の「ロシア軍の前線は崩壊し、兵士たちは銃を捨てて、群をなして勝手に帰還する者続出のありさまで、ほとんど収拾がつかない状態に陥っていた」。

十一月七日、首都ペトログラードでボルシェヴィキが武装蜂起し、ケレンスキー内閣を転覆してソビエト政権を樹立した。ソビエト政権は、全交戦国の政府と人民に、無併合、無賠償の即時講和を呼びかけたが、連合軍の経済封鎖作戦に大きな穴が開いた。

もし、食糧不足・物資不足にあえぐ独墺(どくおう)軍が、ロシア軍の解体に乗じて一気にウクライナに突入して小麦とコーカサスの石油を入手し、休養も十分な八〇万の独墺軍が東部戦線から西部戦線に転用されれば、米国の参戦によってかろうじて保たれている連合軍と独墺軍の軍事バランスが、大きく崩れかねない。

明けて一九一八（大正七）年二月十八日、独ソの和平交渉が行き詰まってドイツ軍が攻撃を再開し、その結果三月三日に、ボルシェヴィキ中央委員会は、ポーランド、フィンランド、バルト地方など広大な被占領地の割譲とウクライナからの撤兵、六〇億マルクの償金を代償として、ポーランドのブレスト・リトウスクでドイツと単独講和条約を結んだ。連合国側がなによりも恐れていた、東部戦線の崩壊である。

## 日本軍のシベリア出兵

一九一八（大正七）年五月十四日に、ウラル山脈東側のチェリアビンスク駅で、チェコスロバキア（チェック）軍団にドイツ軍俘虜（ふりょ）部隊から鉄片が投げ込まれて、チェック軍の一兵士が負傷するという事件が起きた。チェック軍は、このドイツ軍俘虜を捕えて射殺すると、地方ソビエトがチェック軍の武装解除に乗り出して、戦闘が開始された。

チェック軍というのは、第一次大戦で東部戦線に動員されたオーストリア帝国内のチェコ人・スロバキア人兵士が、民族独立を旗印にロシア軍に投降して、ウクライナ戦線で独墺軍と対峙した部隊のことである。ロシア領内に居住していたチェコ人・スロバキア人と合わせて五万五〇〇〇の兵力に達していた。

ソビエトとドイツの単独講和が成立したため、連合国側は、チェック軍をフランスに移

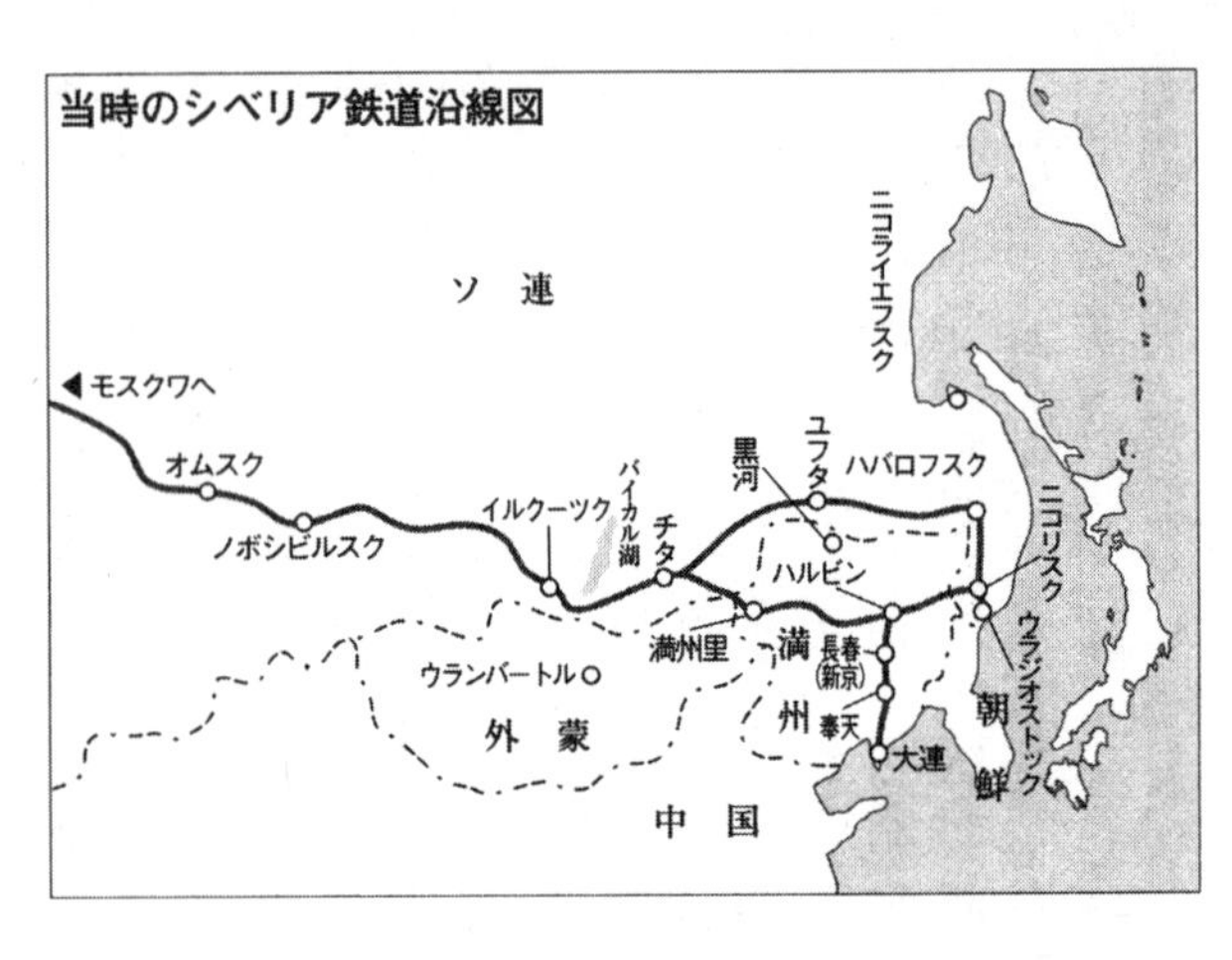


送して西部戦線に投入することにして、ソビエト人民委員会議の了解を得てシベリア鉄道を東進中に、この事件が起きた。

チェック軍はたちまち、チェリアビンスク、ペンザ、オムスク、サマラ（現在のクイビシェフ）などウラルからシベリア一円を占領し、各都市には反ボルシェビキ政権が樹立されて、南東ロシアからウラル山脈に沿い、北方ムルマンスクに伸びる一大半円形の東部戦線が形成される様相を呈してきた。

チェック軍救援――シベリア出兵の絶好の口実を得た連合国側は、八月二日に日本が、翌三日に米国がシベリア出兵を宣言し、英仏両国も、一足先に七月一日にムルマンスク、八月二日にアルハンゲルスクに陸戦隊を上陸させた。

ウラジオストック（以下ウラジオ）から沿

海州一円に出兵した連合軍は、日本軍一万二〇〇〇（第十二師団）、米国軍九〇〇〇、英仏軍五八〇〇で、日本軍司令官の大谷喜久蔵大将が連合軍の指揮をとることになった。

ところが日本は、チェック軍とこれに協力する英仏軍が敵の圧力を受けているという口実で、満鉄沿線駐屯の第七師団、次いで第三師団を、ソ満国境の満州里（マンチョウリー）からザバイカル州方面に出動させ、十月末には北満派遣の一万二〇〇〇を含めて七万二〇〇〇の日本軍が、バイカル湖以東からハバロフスク、ウラジオに至る広大な東部シベリアを制圧してしまった。

こうなると、この出兵を機会に沿海州だけでも日本のフロンティアに確保せよという声が、日本軍部内に台頭してきた。日本海内海化構想——、もし北満州と沿海州が日本の領土になれば、日本本土、朝鮮半島、満州、沿海州、樺太（からふと）、千島列島と日本海をぐるっと取り囲んで〝内海化〟できる。参謀本部の青年将校、あるいはシベリアや北満州に出征する参謀たちは、熱っぽくこの構想を説き出した。

## 北方進出の準備を整える朝鮮銀行

朝鮮銀行も、北満・シベリアに革命の混乱が波及するのに合わせて、北方進出の準備を整えていた。

朝鮮銀行は、この時点で満州に一六店舗を持っていた。大連に始まり、満鉄を北上して営口、奉天、開原、長春、吉林、ハルビン、それに朝鮮国境の安東県に支店を置き、他に、この年（大正七年）一月一日に正金銀行から譲渡された遼陽、鉄嶺、旅順の三出張所に加えて、四平街、伝家甸、竜井村、奉天新市街、鄭家屯にも出張所や派出所を構えていた。

またウラジオでは、長崎の十八銀行が明治四十（一九〇七）年七月から経営していた松田銀行部を大正五（一九一六）年三月に買収して、事実上朝鮮銀行の支店として営業を開始した。

しかも、鮮銀券は、勅令によって大正六年十二月から関東州と満鉄付属地で強制通用力を付与されている。これは、大正七年六月八日の閣議決定文書によれば、朝鮮銀行が「次第に満蒙及露領亜細亜方面に於て活動し来り北支那一帯は其の営業範囲となすの自然的運命に進展する」ことを意図したものであり、朝鮮銀行の営業範囲を、満蒙、シベリア、華北へ積極的に拡大して、混乱の極にあるこれらの地方の通貨を鮮銀券で統一し、朝鮮銀行を東アジアの事実上の中央銀行に据えようという勝田蔵相らの壮大な構想を実現する第一歩だった。

こんな状況下でのシベリア出兵である。「朝鮮銀行亦其の営業範囲を拡大し帝国勢力圏内の大舞台に立つ」好機到来と朝鮮銀行の関係者は受け止めた。

田尻稲次郎という、明治二十五年から三年余り大蔵次官を務めた法学博士がいる。若くして渡米してエール大学に学び、東大教授や貴族院議員、会計検査院院長、東京市長などを歴任した子爵だが、とにかく変った人物で、たとえば昭和二十六年発行の『アサヒグラフ』の「半世紀畸人伝」にはこうある。

「風采は極めて上らず、卒業した子供の制服、夏なら縞のズボン下が三寸も見える兵隊の古服的カーキズボンに渋紙色の麦稈帽に手拭を巻き、冬は黒セル詰襟に黒山高帽、竹の皮包握飯を腰に下げ、主義として一里の道を徒歩通勤……号して北雷（着たなりと訓ず）、斗酒も辞さず……」

この北雷先生、朝鮮銀行の関係者に会うと、決まってこう問い質した。

「朝鮮銀行の本店は何処かね」

そんなわかりきったことを……京城に決まっているじゃないか！　相手が絶句していると、北雷先生はダメ押しをした。

「本店は奉天だね」

朝鮮銀行は「国家のため大所高所より見て満州に進出せねばならぬ、朝鮮にばかり止まっていては駄目だ」という謎かけである。

勝田主計は、大正四年に朝鮮銀行総裁に就任した際に、北雷先生からこの問答を仕掛けられてすっかり気に入ってしまい、その後の歴代朝鮮銀行総裁は、勝田から同じ質問を浴びせられることになった。

昭和十五年から副総裁を五年務めた君島一郎が書き残している。

「朝鮮銀行員の間に残っている大陸進展の意欲なり気迫は、二代目総裁勝田主計さんによって植えつけられた観がある。後のことだが或る鮮銀関係者が同氏を訪ねたときのこと、勝田さんは、とぼけた顔で、〝なんだ鮮銀の本店は今でも京城にあるのか、新京にあるのかと思っていたよ〟といったという」

**鮮銀券〝シベリア出陣〟**

シベリア出兵によって、朝鮮銀行には北雷先生がいう〝本店を奉天に移す〟好機が訪れた。

七月十九日、勝田蔵相は閣議決定を要請して、シベリア出兵の軍費の支払いにはなるべく鮮銀券を使用する方針を確認し、出征軍の軍費支払い方法を次のように決定した。

「西比利亜(シベリア)及北満州に於ける使用軍資金の種類は朝鮮銀行券又は金兌換軍用手票を使用すること﹅し……二者の間に使用地域を定め難きも可成(なるべく)朝鮮銀行券の流通を図る方針を採ること。軍用手票の交換は主として朝鮮銀行券を以てし金貨兌換は必要已(や)むを得ざる場合に限ること」

七月二十九日、つまりシベリア出兵宣言の五日前に、日本政府は、軍事費の出納など国庫事務を取り扱っている朝鮮銀行大連支店に対して、シベリア出兵の軍資金として軍票一〇〇万円、金貨一〇万円を送るから遼陽派出所で陸軍部隊出納官吏に交付すること、その際に鮮銀券三〇万円も軍票交換資金として交付することと指示した。続いて八月二日、陸軍省は、「軍票の交換を請求する者あるときは……先ず本邦通貨と交換し直接金貨と交換することを得ず」と出征部隊などに指示した。日本は大正六年九月に金輸出禁止令を公布して金兌換を事実上禁止していたので、軍票と金貨との直接交換も禁じたものである。

いよいよ鮮銀券の〝シベリア出陣〟である。九月、朝鮮銀行は、政府および軍部の要請に応じて、シベリア鉄道ウスリー線のハバロフスクとスパスカヤ、それに北満の満州里に派出所を開設し、軍事費の送金など国庫金の取扱いや、軍票・鮮銀券のルーブル通貨との交換などの業務を開始した。

シベリア出兵軍票 金１円

シベリア鉄道の要衝チタの派出所開設は十月十七日、続いて北満のチチハル派出所、ブラゴウエシチェンスク派出所と急ピッチで店舗が増設され、大正九年に開設したニコリスクの貨幣交換所と樺太亜港（アレクサンドロフスク）出張所を含めると、朝鮮銀行はシベリア出兵の期間中に、七店舗を露領シベリアに展開した。

そして、鮮銀券は、ロシア人からは

〝ヤポンスキー〟、中国人からは〝老爺（ラオイエ）〟、〝老頭児票〟などと呼ばれて北満・シベリア一帯に流通し、信用を失墜したルーブル紙幣を駆逐して日本本土、朝鮮半島、満州、沿海州とシベリア、樺太と、日本海を取り巻く地域の通貨は、すべて日本円で統一される様相を呈した。

シベリア出兵で日本軍が支払った通貨は、軍票一一四三万円、鮮銀券二七五八万円で、他に日銀券二四〇万円、金貨一一〇万円が護送されたという。鮮銀券は軍票と交換されたものを含み、護送された日銀券と金貨の使用量は不明だが、大蔵省理財局国庫課は、シベリア出兵から半年たった大正八年二月現在の東部シベリアでの日本側通貨の流通状況を次のように纏めた。

| | |
|---|---|
| 日本軍票 | 一〇〇二万六〇〇〇円 |
| 朝鮮銀行券 | 一七八四万五〇〇〇円 |
| 日本銀行券 | 一三一万一〇〇〇円 |
| 合　計 | 二九一八万三〇〇〇円 |

もちろん、この他に、ロマノフ通貨、ケレンスキー紙幣、オムスクの臨時政府の紙幣など、露国側の雑多な通貨も流通していたが、ニコリスク北方のスパスカヤに臨時派出所を

オムスク政府の10ルーブル紙幣（未発行）

オムスク政府の３ルーブル（未発行）

開設した朝鮮銀行の福井隆一書記は、こう報告した。

「露貨留（ルーブル）の底なし転落趨勢は、軍票に対する信用が高まり……何とかして軍票を手に入れんと交換を懇請するものが簇出……ロシア国内に於ては各地各様の紙幣が発行され、その価値も日々変動し全く信を置き難き情勢下にあったに反し、金本位制に基き価値安定して居った朝鮮銀行券が一般の信用を博するは当然で、各地住民間に愛用されるに至った」

福井は、「金本位制に基き価値安定して居った朝鮮銀行券」というが、日本は一時的に金本位制を停止しており鮮銀券もまた「結局不換紙幣と択（えら）ぶ処なし」――、それがシベリアで一番信用されたというのだから、革命や列国の出兵によって混乱の極にあったシベリアの通貨事情を物語っている。

## ルーブルの急落

帝政ロシア政府は、日本と同じく一八九七（明治三十）年に金本位制を施行して、一ルーブル（留）＝純金〇・七七四二三四グラムと定めた。日本は一円＝〇・七五グラムだったから、法定相場は日本円一〇〇円＝九六ルーブル（留）九〇カペイカ（哥）となる。

ところがロシア革命とともにルーブル紙幣の価値は下落し続け、日本円一〇〇円につき、一九一八（大正七）年五月には三二五ルーブル（十日）から四九四ルーブル（三十一日）へ、六月にはとうとう六〇〇ルーブルに急落（二十七日）、九月三十日には六四二ルーブルを記録した。その後、年内はほぼ五〇〇ルーブル台で推移したが、一九一九年三月から再び下げ足を強めて、四月一三〇〇ルーブル、七月二四〇〇ルーブル、八月三四〇〇ルーブルと、もはや〝紙屑〟と化す様相を呈した。

「資本主義を破壊する最上の方法は、通貨を堕落させることである」

レーニンはこう宣言したというが、新生ソビエト政府は、国民の帝政復帰への期待とロマノフ通貨への信用を払拭するために、意図的に帝政およびケレンスキー時代の紙幣と同じものを偽造して、乱発した。

その結果、革命翌年の一九一八（大正七）年七月から一九二一（大正十）年七月までの三年間に、紙幣流通高は、五四倍（四三七億ルーブルから二兆三四七二億ルーブル）になり、価値は八〇〇分の一に下落した。その後も、ソビエト紙幣の増発は加速され、一九二三（大正十二）年にはじつに一〇京を超える流通高に達したという。一兆の一〇万倍――、まさに天文学的数字である。

そこで、ソビエト政府は、一九二三（大正十二）年に新様式紙幣を発行して各種紙幣と引き換え、「一九二三年の一ルーブルは、流通停止紙幣においては一〇〇万ルーブル、一

帝政ロシア政府の500ルーブル国家信用券
（左右274×上下127ミリ（上・表、下・裏））

帝政ロシア政府の５ルーブル国家信用券
（左・表、右・裏）

九二三年紙幣では一〇〇ルーブルと等しいものと換算し、万人収納さるべし」とした。一九二二年紙幣は、すでに一万分の一のデノミネーションをやっていたから、結局ルーブルは、一〇〇万分の一に切り下げられたことになる。

ソ連の通貨の混乱は、その後も続き、一九二四年にソビエト政府は、新兌換券チェルヴォーネツを裏付けにした新国庫紙幣の発行を開始し、同年三月には二四年様式国庫紙幣一金ルーブル＝一九二三年様式ソビエト紙幣五万ルーブルという新旧紙幣の交換比率を発表した。

前二回のデノミ分と合わせると、一〇〇万×五万＝五〇〇億――、ロシア革命によって、ルーブルは、五〇〇億分の一にやせ細ったということだ。その上、ソビエト政府によっても乱発されたロマノフおよびケレンスキー紙幣は、交換もされずに廃棄処分されてしまった（第一次大戦の敗戦国ドイツは、ロシアよりもっと激しい「狂暴的」インフレに見舞われ、一九二三年になって一兆紙幣マルク＝一レンテンマルクの比率で引き換えが行われた）。

その後も、朝鮮銀行の福井隆一は昭和五（一九三〇）年八月にウラジオ支店の支配人として赴任したとき、新ルーブル紙幣は、またまた「一〇〇ルーブル対三～四円という暴落振りを示していた」といい、ソビエト紙幣の暴落は長く続く――。

# 第六章　ロマノフ金貨の買い取り

## ロマノフ王朝保有の金塊

こんなシベリア出兵の最中のこと——。大正八（一九一九）年十一月八日、朝鮮銀行ハルビン支店の久保田積蔵支配人は東京支店に打電した。

「当地交通部宛情報に依れば、オムスクより浦塩（ウラジオ）向輸送中の金塊二千八百布度チタにて十月廿六日セミョノフ軍に於て過激派掠奪予防の理由の下に保管せる由……」

二八〇〇布度（一プード＝一六・三八キログラム）は、約四六トン、日本円換算六〇〇〇万円の大金である（現在の価格だと、一トロイ・オンス＝二八〇ドル、一ドル＝一二〇円として、約五〇〇〇億円）。こんな多額の金塊が、「全ロシア臨時政府」があるオムスクからウラジオへ向けてシベリア鉄道で東送中に、チタでセミョノフ軍に押さえられたというのだ。

ロシア革命が起きると、北満州で反ボルシェヴィキの旗揚げをしたコザック隊長のセミョノフ大尉は、日本軍から武器援助を受けてシベリアに攻め入ったが敗れた。シベリア出兵が始まって九月六日に日本軍がチタを占領すると、セミョノフは臨時シベリア政府から極東コザック軍総司令官に任命され、チタを本拠地にザバイカル州の軍政を始めていた。日本軍は、この男を傀儡（かいらい）にしてザバイカル一帯の支配を目論んでいる。

年が明けて大正九年一月二十一日、ハルビンにいた草間秀雄財務官も高橋是清蔵相に打電した。

「金塊の件は正確なるにはあらざるも、セミョノフの保管にあるもの二千五百万円、イルクーック市国立銀行の保管にあるもの千五百万円、コルチャックの保有金は其余の五億余……」

つづいて三十日に、松島肇ハルビン総領事も内田康哉外相に打電した。

「コルチャックと共に保存せられし金地金約二万布度、昨今イルクーツクに着し、ギャナンは之をチェック及び日本軍援護の下にチタに回送せんことを我軍官に申出たり」

二万布度は三二七トン――、どうやら、大量の金貨・金塊が、シベリア鉄道を東進して日本軍が進駐しているシベリアから北満に持ち込まれているらしい。ギャナンはフランス陸軍少将で、事実上のチェック軍総司令官である。

10ルーブル金貨

ロマノフ王朝の金塊――。第一次世界大戦が勃発する直前（一九一四年七月一日）、ロシア帝国銀行は、一六億ルーブル、金換算一二四〇トンの金準備を国内に保有していた。米国に次いで世界第二位、全世界の金準備六六六〇トンの二割を占める（他に英国などの銀行に一一〇トンを預託）。

この年八月一日、ドイツはロシアに宣戦布告し、二年半が過ぎた一九一七（大正六）年三月にロマノフ王朝が滅び、十一月にプロレタリア独裁制が確立した。

革命後、ソビエト政府は直ちにペトログラードの国立銀行を占拠して、一二億六〇〇〇万ルーブル＝九七六トンの金を押さえた。戦争中に二六〇トンほど減少したが、これは利子支払いのため英国へ送られた分などという。

翌年二月、独墺軍はウクライナに進攻して、スコロパッキー傀儡政府を樹立し、翌三月に新生ソビエト政権は、ブレスト・リトウスクでドイツと単独講和条約を結んだ。

ブレスト・リトウスク条約から半月たった三月十八日、ソビエト人民委員会は、前年末にペトログラードなどで押収したロマノフ王朝の金を、モスクワ東方七〇〇キロのカザン市に移すことに決定した。

安全のための避難であり、国立銀行カザン支店の地下室が改造されて五つの金庫が作られ、七月までにペトログラード、モスクワなどから、ルーマニアの発行準備金一億ルーブルを含めて、金貨約五億ルーブル、金塊白金五三一箱、銀貨八〇〇〇万ルーブル、他に利子証券一億三三〇〇万ルーブルが運び込まれた。金貨と金塊だけで六八〇〇〇万英ポンド＝約五〇〇トンである。

## オムスク国立銀行支店の金塊の行方

——ところが。

朝鮮銀行ハルビン支店の半野憲二支配人代理は、大正十三年二月に作成した「ロマノフ札からチェルウォネツ迄」でいう。

「八月五日カザン市はチェック軍の為めに陥落され、多数派側では僅（わずか）に金貨六百万留と紙幣九千五百万留とを持出したばかりで、正貨準備の大部分は之を遺棄して行ったので、八月十日チェック軍は之を其儘西伯利政府軍に引継ぎ、西伯利政府は更に之をウハー市、チェリヤビンスク市と持回った挙句、遂にオムスク国立銀行支店に保管する事にした。

同地国立銀行支店に入庫した正貨準備の内訳は、露国金貨五億一千七百四十五万留、外国金貨三千三百六万留、金条九千一万留、合計六億四千五百五十三万留……」（合計と五〇〇万ルーブルの差違があるがそのまま記した）

正貨準備六億四五〇〇万ルーブル＝金五〇〇トンである。この膨大な金貨を手に入れた「西伯利政府」というのは、この年（一九一八年）六月末に各地の自治運動のリーダーたちを結集してオムスクで発足したヴォロゴドスキーを首相とする「臨時シベリア政府」である。

九月には「臨時シベリア政府」など反ソビエトの二〇以上の政権や党派を統一して、ウラル地方のウファ市で「全ロシア臨時政府」が成立した。五人の統領制をとったこの政府は十月にオムスクへ移り、十一月に英国が背後で支持する元黒海艦隊司令長官のコルチャク提督がクーデターを起こして軍事独裁政権を樹立する。

コルチャク提督はウラルに前線を置き、翌一九一九年春に中央ロシアに進撃を開始するが、赤軍に敗れ、オムスクも同年十一月に赤軍の手に陥ちた。

国立銀行オムスク支店にあった五〇〇トンの金貨金塊はどうなったのか。

一九二〇年五月四日のペトロパウロフスク「労民会報」は、イルクーツク発としてこう報じた。

――オムスク国立銀行支店に移した六億四五〇〇万ルーブル＝五〇〇トンの鋳貨と金銀塊六一二万ルーブル＝三二・七トンのうち、英米トラストへ六二〇〇ルーブル＝四八トン、日本へ三二トンなど英米日仏への支払いに合計一〇二トンを交付した。残りは、コルチャク軍退却の際にチェック軍より交付したもの約一万九〇〇〇布度、金額四億九〇〇〇万留（三二七トン）、チタでセミョノフ軍に取押えられたもの約二〇〇〇〇布度（三三トン）、ウラジオに送ったもの一五トンなどである――。

しかし、コルチャク軍がこの金貨をどうしたのか、東送分はいくらかなど、ここからは諸説があってはっきりしない。

## 金塊の行方を追う日本軍

朝鮮銀行の半野支配人代理の報告によると、コルチャク政府は、軍需品その他の海外注文品の代金決済のため一億八〇〇〇万ルーブル＝一四一トンを外国側の諸銀行に引渡し、一四八トンを〝東送〟したという。残り二一〇トンは、オムスクに放置された分も含めて行方不明になった。

また、ロマノフ王朝の大蔵次官だったノビッツキーが一九二〇年十月十九日付のパリの新聞「ル・タン」（Le Temp）に発表したところでは、武器弾薬を購入するため英米に二三トンを送り出し、オムスクに三二一トンを置き去りにしたという。〝東送〟分は差引き一五二トン。

とすれば、オムスク陥落に先立って〝東送〟された金塊は約一五〇トン、このうち二貨車分の金塊四六トンがセミョノフ軍によってチタで〝保管〟され、目減りしながらシベリア鉄道を東へ向かったことになる。

残りはどこに消えたのか。コルチャク提督は、オムスクが陥落した一九一九年十一月十五日に、七本の列車を仕立てて東に向かった。しかし、翌年一月上旬にバイカル湖近くのイルクーツクに着いた時には、列車は二本に減っていた。ノビッツキー大蔵次官はいう。

「金を積みたる汽車は火を起し、護衛兵は機に乗じて之を掠奪せり……提督はチェック軍の為めにボルシェビキ軍に引き渡されて虐殺さるゝに至れり」

二月七日、コルチャクはイルクーツクで赤軍によって銃殺された。その五日後の二月十二日、高橋蔵相はハルビンの草間財務官に打電した。

「オムスク政府保有金塊……は、本邦の対西比利亜（シベリア）金融貿易等に対し唯一の信用上の基礎を為す可きものにして、其の運命に付ては本邦は深甚の利害を有するに付、貴官は領事及陸軍側とも連絡を取り、其所在に付ては充分御注意の上、其保全の為必要に応じ機宜の措置を採られたし」

二月二十七日、草間財務官は高橋蔵相に報告した。

「陸軍側の情報に依れば、チェック軍保管の金塊は漸次減少……イルクーツク米国商人の言に依れば右金塊はチェック軍間に分配されつゝあり、現に約四十布度は市中に売却せられたりと……」

チェコ軍の手に残ったロマノフ王朝の金貨金塊もこれで四散してしまうのか——。

## セミョノフの金貨、朝鮮銀行に預け入れ

日本側関係者に落胆の色が濃くなったころ、チタ特務機関長の黒沢準(ひとし)大佐は、セミョノフ紙幣(国立銀行チタ支店紙幣)を発行していたチタのセミョノフ政権のタスキン民政補佐官から、軍需物資の調達のため金貨金塊一四三箱を東支鉄道でハルビン方面に搬出する手配を依頼された。

この一四三箱の金貨金塊のうち——、六三箱はハルビンで下ろして極東軍軍需部長のフィラチェフ中将に渡すこと、フィラチェフには金塊授受手続書の写しを携行させる……。

残り八〇箱は、金塊三〇箱と金貨五〇箱で、チタから同行させるチタ国立銀行サマール支店支配人イー・ケー・ズバレフおよび同銀行出納監査官イ・ア・アファナシェフと一緒に長春まで運ぶこと、この両名には「此の書類の持参人は金を以て円に換える自由を有

す」という民生部三月一日発行の証明書を持たせてある……。

　タスキン補佐官は、黒沢大佐にこう説明した。

　三月二日、金貨金塊がいよいよ動き出した。

「コルチャック政府が極東に搬出せんとせしものを差押へセメノフがチタに保管したる金塊〈注・二八〇〇プード〈約四六トン〉〉の一部約四百三十布度〈注・一四三箱約六・九トン、一箱は三プード〉、チタを出発ハルビンに向えり」

　八日ハルビン到着。すると、後続列車で来るはずのフィラチェフから電報が届いて、列車が国境手前のダウリアで故障してハルビン到着は遅延するので、金貨六三箱は「自己の

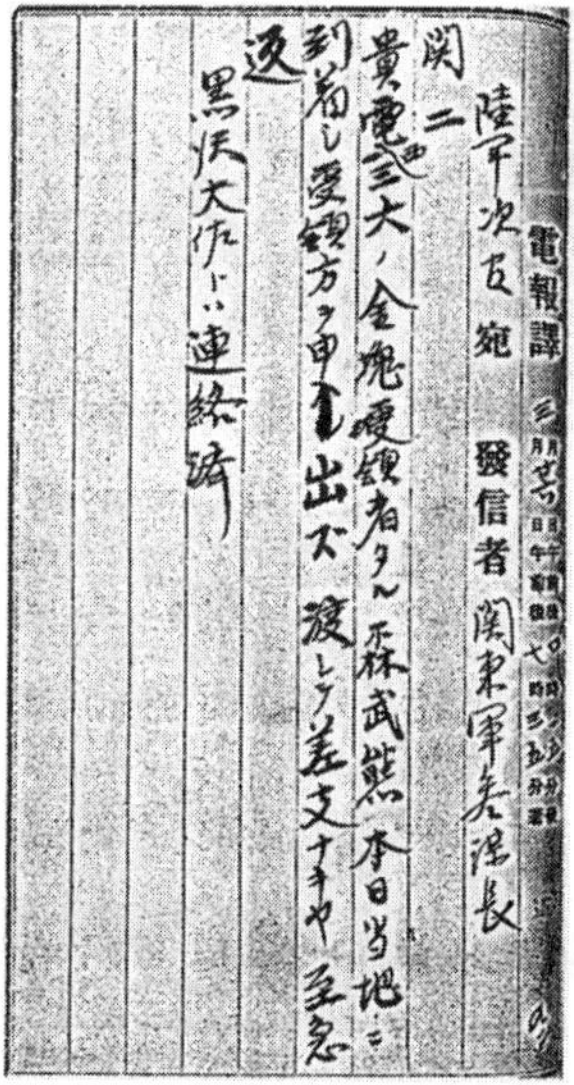

大正9年3月26日、関東軍参謀長から陸軍次長宛の電報

名義にて日本特務機関を経て朝鮮銀行に預けられたし」と指示してきた。

「六十三箱は当地に於て卸下を終り、護衛隊長及特務機関より将校一名立会の上露人と朝鮮支店長との間に授受を終りたり。重量一九八布度九三ドロトニク……朝鮮銀行にて保管しあり、今後の処分其他に就てはフィラチェフと鮮銀との間に直接交渉せらるべき筈なり……フィラチェフは至急右六十三箱を売払いたき希望を有するが如し」（ハルビン特務機関長石坂善次郎少将から山梨半造陸軍次官宛報告）。

「重量一九八布度」＝三・二五トン、四三〇万円（現在価格で約三五億円）の金貨が朝鮮銀行ハルビン支店に入った。

**金貨八〇箱を満鉄で強行輸送**

三月十三日午前三時四十分、残りの八〇箱を載せた列車がハルビンを発って長春へ向かった。

ところが金塊列車は、長春のはるか手前の窰門（ようもん）駅でロシア人駅員によって機関車をはずされて立ち往生し、中国側特別列車に連結し直すなどの事故があって、十七日午前九時、ようやく寛城子に到着した。寛城子（かんじょうし）というのは、長春の北二キロにある東支鉄道最南端の駅である。

日露戦争によって日本は、長春（寛城子）—旅順間の鉄道およびその一切の支線を露国

長春駅（大正5年）

から譲渡された。満州における日本と露国の権益の境界線は、この「寛城子駅停車場の限界」に引かれていた。そして、軌道幅の異なる南満州鉄道と東支鉄道の接続のため、軌道幅四フィート八インチ半の満鉄は境界線を越えて寛城子駅露国停車場まで、軌道幅五フィートの東支鉄道は寛城子駅を越えて長春駅日本停車場まで相互乗入れをしていた。

この寛城子駅に金塊を積んだ列車が到着したということは、露国の金塊が日本の勢力圏内に入るということだ。

しかし、ここで中国側が妨害行動に出た。このとき寛城子独立守備隊にいた池田薫上等兵の記録を引く。

「もしこのまま日本の勢力圏＝満鉄に

入れば、差し押えの途（みち）なしとみた中国側は、東支鉄道側と結託して実力阻止を画策し、寛城子軍用ホーム（このホームはシベリア派遣部隊のため急造した東支・満鉄積替えホームであった）への廻入を拒否した。それゆえ金塊を積載したままの東支鉄道十六トン半有蓋貨車

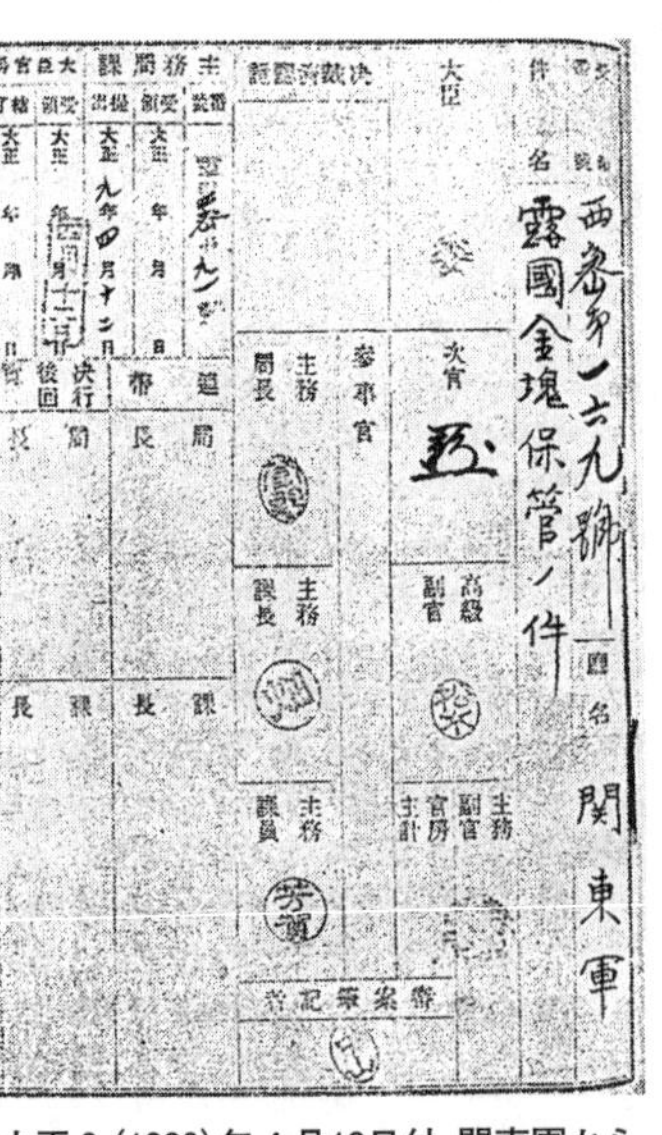
件名　西密第一六九號
露國金塊保管ノ件
關東軍
大臣　次官　參事官　高級副官
主務局長　主務課長
決行
大正九年四月十二日

大正9（1920）年4月12日付 関東軍から陸軍省あての電報

十六輛は側線に留置され、日本軍宰領兵によって厳重に監視されていた。

……阻止、奪回しようとする中国側（吉林軍）と二、三日交渉している間に、日本側の強行輸送手配は完了した。早朝、日本軍は独立守備隊を動員し、寛城子駅、機関庫、長春駅構内東支鉄道駅舎を占領し、長春・寛城子間二キロの鉄道線路の両側には一メートルおきくらいに兵を配置した。そして東支鉄道の少数の下級従業員をして、金塊積載車全車輛を長春駅構内の東支連絡旅客乗換ホームに廻入させ、予め準備した満鉄貨車に全車いっせいに積替えを開始、約一時間で完了し……その日のうちに金塊は南満に向けて発送され

た」

こうして金貨金塊八〇箱は、日本の勢力圏に〝安着〟したが、日本政府は金塊輸送が露見した事態を憂慮した。ロシア側や中国は、金塊の行先を執拗に追及して来ている。金貨金塊八〇箱がまだ寛城子にあった三月十八日に、北京駐在のクダシェフ・ロシア公使は小幡酉吉公使を訪ねて、「金貨の保全」を強硬に申し入れた。

ロシアの強硬な抗議に慌てた日本側は、金貨を「弾薬」とし、行先の長春を変更して長駆旅順まで一気に運んでしまうことにした。十九日に長春を発った金貨八〇箱は、翌二十日に旅順に着き、「名義上大連朝鮮銀行支店保管として旅順口火薬庫に陸軍側に於て保管する」ことになった。

## 「セメノフ金塊問題解決案細目」の取り決め

しかし、ロシア側の抗議は激しい。外務省は、「該金塊をチタ露国国立銀行へ回送する外策なし」といい出したが、高橋蔵相は一蹴した。

「一旦日本の圏内に移したるものを還えすは愚なり、矢張金塊を日本側に何等かの方法により納め度し」

何等かの方法――、どうするのか。

六月三十日、陸外蔵など関係各省と朝鮮銀行の代表が〝閣議決定の趣旨〟に基いて、

「セメノフ金塊問題解決案細目」を取り決めた。

「飽迄（あくまで）純然たる軍需品の輸送となし金塊輸送等の事実は全然之を否定する……朝鮮銀行は……純然たる普通の商取引に依りチタ国立銀行代表者より之が買入れ又は譲渡の形式を以て一切を解決すること最も適当と信ず……帝国政府は表面一切無関係の態度に出で……ハルビン朝鮮銀行に於ける他の一般露国金塊処分の例に依らむとす」

つまり、「本件金塊は元露国国有財産にしてオムスク政府の手に移り東方輸送の際セメノフが抑留し消費し来れるものに属し、セメノフ失脚後は必ずや其の所有権に付問題を惹起」（セメノフ金塊問題解決案要項）するから、ここは金塊を直接セミョノフの官憲から買収するのを止めて、チタ国立銀行と朝鮮銀行を間に立てようということである。

しかし、ここでいう「ハルビン朝鮮銀行に於ける他の一般露国金塊処分の例」とは、どういうことか。

## 朝鮮銀行に集まるルーブル金貨

この頃、朝鮮銀行ハルビン支店の店頭は、〝ゴールドラッシュ〟に見舞われていた。

「当地にはモスクワ付近より五拾万留、百万留持参し居る者少なからず、尚チェック軍の如きも米人に売込み居る由……」

四月に、ハルビン支店は本店へ報告したが、当時北満シベリア一帯は、ルーブル紙幣が

〝紙屑〟と化して流通しないため、ハルビンに亡命したロシア貴族や、軍需物資が必要なセミョノフ軍は、ルーブル金貨を売って鮮銀券を手に入れるしか手段がなく、それが「ハルビン朝鮮銀行に於ける他の一般露国金塊処分の例」となっていた。

何もしなくても金貨は自然に朝鮮銀行に集まってくる――。

四月二十五日、ハルビン支店は本店に報告した。

「露国金貨担保貸付は左の如し

マルクス　七万円　期日五月廿九日　担保金貨八万留

セミョノフ　五万円　期日五月廿九日　担保金貨五万四千四百拾留

黒沢大佐　拾万五千五百四拾円　期日五月二日　担保金貨拾万五千五百四拾留

フィラチェフに対する貸出は金貨二口にて

三拾万円　期日五月廿三日　担保金貨参拾六万留

二拾万円　期日五月一日　担保金貨弐拾四万留」

いずれも大口の貸付であり、返済期日にはすべて担保処分――、金貨と相殺された。なお、フィラチェフへの貸付二口五〇万円の担保は、先にハルビン支店に運び込まれたセミョノフの金貨六三箱の一部である。

ハルビン支店の久保田支配人はいう。

「哈爾賓(ハルビン)の話題の一つは、セミョノフ将軍の手にて約八〇〇〇万ルーブル余の金貨金塊の哈爾賓輸送である。セミョノフ将軍は之を日本軍に保管を依頼し、軍は朝鮮銀行に保管を命じ、直ちに行内空地に保管金庫を建設し軍隊の手にて警護することになった。此の金貨金塊はセミョノフ軍とカプペリ軍の軍事費であって、一度朝鮮銀行券に換え軍需品を購入するため、銀行の窓口は俄に金貨金塊を以て飾られたが、当初は支那人に買われて上海に送られた。朝鮮銀行としては正貨準備として買入れ日本に送ることを提案したが、外務省は此の金貨は帝政時代の公金を横領した不正の金として買入を許さず、見送る外なかった。実は一〇ルーブル一枚の価値は大阪造幣局で分析の結果、拾円参拾八銭になるが、哈爾賓に於ける相場は拾円以下で取引され相当の利潤あるのみならず、正貨準備上買取許可を強く大蔵省及外務省に申請するも容易に許可を得ず、当初保管額の半分位になったときやっと許可を得て買い取ったが、当時我が国の外交がいかに馬鹿正直であったかが分かる」

朝鮮銀行ハルビン支店が、この六三箱の金貨をフィラチェフから買い取ったのは、七月初めのことだった。

五月十一日、山梨陸軍次官はチタ特務機関長の黒沢大佐に指示した。

「ハルビンには常に諸方より金塊集まり取引行わるゝを以て、セメノフとも諒解を遂げたる上、将来は其金塊を今一層目立たざる方法にて徐々に少量宛ハルビンに送り……朝鮮銀行にて始末せしむる様配慮ありたし。尚、先般旅順に到着せし分も何れは始末を付けセメノフの為送金し得る筈なるも、外界の注目を引きたる為め手続上尚急に運び難き次第なり」

要するに、セミョノフの金塊四六トンを始めとするロマノフ王朝の金貨金塊を、目立たないようにハルビンに運んで朝鮮銀行券と交換せよということである。

そして、この頃（大正九年三月）から、「金塊の件」と題する電報や情報が氾濫し、膨大な金貨金塊が日本側に流れ込んだことを伝えてきた。

たとえば五月二十九日、在ハルビン草間財務官から高橋蔵相宛の電報――。

「東露公司（コンス）はセミョノフ関係金貨四〇〇万円（三トン）を当地に輸送せり、右金貨は軍需品代金として受取りたるもの……昨日南満に向け当地発送、大連経由大阪に送致せらる」

七月二十四日　朝鮮銀行ハルビン支店長は、チタ特務機関長の黒沢大佐が同行チタ派出所に大口の金貨買入を勧告した件を本店に打電した。

「知多（チタ）金貨買入の件、第一回七二〇万留（五・六トン）買入価格長春着値十留一個に付（つき）金九円八銭に交渉せしめ……先方資金の必要火急なるため知多受渡後……一〇〇万円迄ハルビンに於て交付……知多受渡後は陸軍に於て長春迄輸送方を前提とする……長春着受渡終了と共に買入総額の半額までハルビンに於て支払いをなし、残金は大阪造幣局納入済の上とする」

この他に、朝鮮銀行は大正九年十二月に、セミョノフが満州里でチタ機関長井染禄朗大佐に保管を託したとされる金貨金塊四三箱のうち金塊大一二箱、小二箱、金貨一〇箱を買い入れており、この四三箱を含めると、いわゆる「セミョノフの金塊」は一八六箱になり、このうち一六七箱が朝鮮銀行に渡ったことになる。

そして、久保田支配人によれば、最終的には八〇〇〇万ルーブル余の金貨金塊六二トン（現在価格で六七〇億円）を、朝鮮銀行のハルビン支店や大連支店は買い入れたというのである。

七月十五日、日本軍は、ソビエト政府が日本軍との緩衝国としてチタに樹立した極東共和国と停戦議定書に調印し、八月には二年間進駐していたザバイカル州とハルビン以西から撤退した。

## 金貨を〇・九六掛けで買い取り

話を戻して――、先に旅順火薬庫に運び込んだセミョノフの金貨金塊八〇箱は、どうなったのか。

七月十八日、朝鮮銀行大連支店の小西春雄支配人は、浜面（はまおもて）又助関東軍参謀長から旅順へ呼び出されて、八〇箱の処分を打ち合わせた。

「在チタ露国国立銀行より書状及委任状を取り寄せること、年月日は現品輸送事実以前とし適宜チタにて決定記入のこと。

右依頼人より満鉄の輸送事実による日付の保護預け依頼書を提出せしめ、預り証を作製交付すること。

現品は、軍司令官の手にて全然軍器として白昼公然と大連陸軍倉庫に輸送し、夜間確実なる方法の下に極秘裡に当店に引取ること。

買入の方法は、代理人の承諾を得て現品を大阪造幣局に輸送し分析買入を為さしむること」

これなら、チタ国立銀行が朝鮮銀行に保護預けにした金貨金塊を、朝鮮銀行が鮮銀券で買い取ったという単なる商行為に過ぎない。

八月四日、旅順火薬庫に保管中の金貨金塊八〇箱は、兵器の輸送に使用する木箱に納めて外見上一般軍需品を装って、関東倉庫大連支庫に送られた。

八月五日午前五時、大連支庫で朝鮮銀行に交付された木箱は、馬車四台で大連支店に運び込まれ、小西支配人は「重要軍需品」の受領証を旅順軍憲に提出した。また、「輸送事実の証明は後日国際問題を惹起したる際に必要」ということで、小西支配人は、満鉄運輸次長の大蔵公望（きんもち）と相談して、全く架空の事実を立証する適当な証明書を作成した。

八月九日、チタ帝国銀行代表員ロセッフ立会いで八〇箱を開封して内容を確かめ、ロセッフの要求で朝鮮銀行大連支店は、四六万円を内渡金として仮払いした。

八月十四日、八〇箱は、朝鮮銀行大阪支店を経由して大阪造幣局へ納入するため、大阪商船の台中丸に積み込まれて大連港を出航した。

八月十九日、朝鮮銀行大阪支店発大連支店宛電報。

「八拾個安着、造幣局へ納入済」

九月二十七日、朝鮮銀行東京支店の阿部秀太郎支配人より外務省宛て報告。

「金貨及金塊代金は造幣局より受領済に有之(これあり)、露国国立銀行代表者に対し其の請求に応じ支払致居候」

朝鮮銀行の買い入れ単価は、純金一匁(もんめ)につき四円八〇銭、円の法定比価一匁五円の〇・九六掛けだった。買い入れ総額は四九〇万円ほどで、内渡金を差し引いて朝鮮銀行ハルビン支店のロセッフ個人口座に振込まれた。

# 第七章　金融恐慌時の朝鮮銀行

## 大連取引所の金建て失敗

鮮銀券が、大正六年十二月に関東州と満鉄付属地において法貨として強制通用力を付与されたことは先に触れた。以来、鮮銀券の満州での流通は順調に進み、在満店舗も大正七年末には一七店に達したが、重大な問題がひとつ残されていた。

日露戦争後に日本の商社などが満州に進出して、特産の大豆や高粱（コーリャン）、包米（トウモロコシ）、その他商品の輸出入や現地販売が増大したので、関東都督府（明治三十九年に設置された日本の統治機関）は大正二年に官営の取引所を開設した。取引所は、民営のものもできて数が増えたが、問題は取引所の建値が銀建て、具体的には正金銀行が発行する鈔票が建値通貨として用いられていた点だった。

横浜正金銀行鈔票 100円（表・裏）

奥地特産の買付けには大洋票、小洋票など銀建ての兌換券が用いられていたし、上海や華南との貿易決済も銀建てだったから、大連取引所でも鈔票建てが便利なのだが、結果的には関東州の法貨である鮮銀券では、大連取引所で一石の大豆も売買に建てられないことになった。

やむなく、大連銭鈔取引所が設置されて鮮銀券と鈔票を交換したが、「一度、この銭鈔取引所の出現を見るや、特産に関係なく、ただ単に、鮮銀券そのものの騰落を目的とする純然たる投機取引を奨励する悪因となり」、銭鈔取引所の出来高がしばしば大連取引所の特産取引高の数倍、十数倍にも上るようになった。実需をはるかに上回った思惑取引である。法貨の鮮銀券も、銭鈔取引所では特産と同様一商品なみの取扱いである。

銭鈔取引所では正金銀行大連支店が、毎日鈔票一〇〇円に対する鮮銀券の寄付相場を発表するが、「相場は、全く正金銀行一行の手盛り加減によって動いた」という。また、手数料収入も集中したので、正金銀行大連支店の業績は、同行全支店の常に一、二位だった。

「これ明らかに、法貨たる鮮銀券に対する不信行為……」

朝鮮銀行の美濃部俊吉総裁と満州駐在の大田三郎理事は、関東長官山県伊三郎に強力に働きかけ、関東庁（大正八年に関東都督府を廃して関東庁を置いた）は大正十年四月に、「大連取引所に於て売買取引に用うる建値は大正十年十月十四日受渡の取引より金建とす」と告示した。

満州の金建てという朝鮮銀行の長年の夢がまた一歩進展したのだが、対する正金銀行は、「為替業務を主幹として運営する所謂外国為替銀行であるから為替相場の存在しない金円建ての政策には常に反対の立場をとっている」。

収益源を奪われることになった正金銀行は、中国人商人と結んで大連取引所での特産の取引を休止させた。銭鈔取引所も取引を停止したので、大連港の貿易は減少し、株価も暴落した。しかし、関東庁はあくまで金建て取引を軌道に乗せる方針を取り、朝鮮銀行は、実績作りのため大田理事が先頭に立って大連支店や満鉄沿線支店の支配人を督励して、金建て取引をする者には「殆(ほとん)ど盲目的にその貸出に応じた」。

朝鮮銀行の満州での有価証券を担保とする貸出は、大正九年で六〇〇〇万円だったが、翌年には二〇〇〇万円に激増した。大連支店が九〇〇〇万円、奉天支店が三一〇〇万円の増加である。金建て取引も九月には開始されて、取引所は次第に盛況を取り戻した。

しかし、山県長官が辞任して伊集院彦吉(いじゅういんひこきち)に代わり、また金建て推進派の強力なリーダーだった大田理事が大正十一年十二月に急死すると、銀建て派の総反撃が始まり、関東庁は二年後の十二年九月に告示を出して、「但し当分の内金円及円銀建と為すことを得」と銀建てを復活させて金との両建てを認めた。両建てといっても、金建ては姿を消したから結局銀建てに戻った。

金建ては大田理事の「主張というより信仰だった」というが、奉天総領事の赤塚正助は、大田理事を「ギリシャ神話にあるミダスだよ、このテーブルも椅子もすべて金色に見えるんだから困りものだよ」と評したという。

ぶどう酒の豊饒神ディオニュソスによって触れるものすべてが金になる力を与えられたフリギアの王ミダスは、食べ物さえ金になったので自分の愚を知ったというが、大連取引所の建値問題は、朝鮮銀行の完敗に終った。残ったのは、〝盲目的〟な貸出が生んだ巨額の不良債権だけだった。

この時の大連支店の支配人は、例の〝徳川家康〟こと小西春雄である。小西は、「中国商人にいくら説いて聞かせても、生活に染み込んでいる銀建てから離れようとしない。そのために銀行の取引に無理があり、得意先に無理があり、銀行に数千万円の損害を与えたことは誠に遺憾千万であった」とほぞをかんでいる。

小西は〝数千万円〟というが、大正十三(一九二四)年末の満州での総貸出一億二五〇〇万円のうち四六〇〇万円が欠損と見込まれたから、たしかに金建ての問題の損失は甚大だった。

鈔票を巡る正金銀行と朝鮮銀行の感情的なまでのこんな抗争は、満州国が為替管理法を実施して鈔票が為替決済通貨としての機能を失い昭和十一(一九三六)年十月に発行を禁止されるまで続いた。

## 資産内容悪化

第一次大戦の戦時景気は、朝鮮銀行にも業容の大幅拡大をもたらした。加えて北満州とシベリア進出により、朝鮮銀行の貸出残高は、たとえば大正八年下期には一年前の六六パーセント増の三億二一〇〇万円に達した。鮮銀券の発行高も、大戦勃発時の一九六〇万円から、五年半後の大正八年末には一億六三六〇万円と、八・四倍もの驚異的な増加になった。

しかし、戦時景気は一時的である。平和が戻り、世界経済が正常化したとき、過熱した日本経済への反動は大きく、朝鮮銀行の経営は戦後反動景気の中で破綻しかけた。

朝鮮銀行が窮状を迎えた経緯について、大蔵省は次のように判断した。

「朝鮮銀行の貸出は大正六年以降急激に増加し利益も亦之れに伴い多額なるを得、其の間毎期相当の秘密積立をもなし得たる状況なりしが、此の好況時季に温醸せられし放漫且無経倫なる経営は、或は外国部を設けて盛に外国為替に手を染め、或は採炭油房其の他の企業に莫大なる資金を供給し、而かも毫も将来必然来るべき変動に処するの方策を講ずることなく荏苒時勢の推移に任せ来たりしが、大正九年春財界の変動に遭遇するや忽ち多くの企業資金を固定せしめ、爾来徒らに澎大なる〝バランス〟を包容するに止まり、資金の回収は勿論利息の収入も意の如くならず、業態は年処を経るに従って益々悪化し弥縫糊塗も遂に其の策なく、大正十二年下季に至り政府に窮状を訴え、翌十三年上季に於て政府及日銀より救済を仰ぐに至れり」

「放漫且無経倫なる経営」——いつの世も同じ誤りを繰り返すものだが、朝鮮に本店を置く朝鮮銀行は、戦時景気の波に乗って貸出を大幅に伸ばした内地と満州で、シベリア出兵がらみの貸金などが固定化して、資産内容が早くから悪化していた。

たとえば、大正十二年六月末では、総貸出三億六一〇〇万円のうち一億三四〇〇万円が利息が入らない「固定貸」で、うち九六〇〇万円は、元金の回収も見込めない「欠損」と見込まれた。

そして、二カ月後に関東大震災が起きると、固定貸はさらに増加し、大正十三年末では、総貸出四億五二〇〇万円の五二パーセント、二億三六〇〇万円が利息収入がなく、三割の一億三八〇〇万円が欠損と判定された。

固定貸二億三六〇〇万円を地域別に見ると、内地が五五パーセント、満州が三六パーセントを占め、朝鮮は六パーセントと少なかった。内地は貸出の四分の三、満州は三分の二が固定貸という惨澹たる状況で、朝鮮のみ一八パーセントに止まった。

固定貸が一〇〇〇万円以上の大口は、佐賀炭鉱などを系列に持つ海運業者中村組二三〇〇万円、満州銀行二一〇〇万円、小寺洋行一八〇〇万円、日露実業一七〇〇万円、日魯漁業関係一六〇〇万円、久原房之助（くはらふさのすけ）関係一一〇〇万円、高田商会一〇〇〇万円の七先だった。これだけで全固定貸の半分を占め、日魯漁業関係を除いて大半が欠損となると見込まれた。

小寺洋行は、憲政会の代議士小寺謙吉の弟の壮吉が満州で特産売買と油房を経営した会社で、これを含めて満州での固定貸は、「その殆ど全部が金建値問題より派生したものといって過言でなかった」（堀野仙策・開原支店支配人）という。

このままでは、朝鮮と関東州の中央銀行である朝鮮銀行の経営は、破綻する。

### 不良債権処理体制、効なし

そんな中、大正十二年末に難波大助が摂政宮を狙撃した虎ノ門事件が起きて、山本権兵衛内閣が総辞職した。後継首班の大命は、準元老格の枢密院議長清浦奎吾に下り、政党に基盤を持たない清浦は、陸、海、外務以外の閣僚を貴族院議員から選出して、一月七日に組閣を終えた。

「財政の方は、これも種々考えた上、民間金融方面に関係ある者を起用したいと思い、結局、勝田君を挙げ……」

清浦はこういう。民間金融方面、つまりは朝鮮銀行など破綻寸前の金融機関の救済とともに震災復興のための外債発行が急務だったから、財政通の勝田主計を蔵相に起用したのだろう。

「清浦内閣は……寄木内閣にして……其命脈の如き永くて三月」

こんな声もあったほど清浦内閣は不人気だったが、二度目の蔵相に就任した勝田は、二月に震災外債五億五〇〇〇万円を英米市場で発行する一方、かつて自ら総裁を務めた朝鮮銀行の経営立て直しに取り組んだ。

二月一日、勝田は、在任七年三カ月に及んだ美濃部総裁を更迭し、後任に野中清・産業組合副理事長を四代目総裁に起用した。野中は、前年末に大蔵省専売局長から転じたばかりで、二代目総裁の勝田が次官から転じたのに比べれば、異例の抜擢だった。

勝田の夫人イヨが野中夫人の学友だったので、「その圧力で野中は総裁になれたんだ」というが、経営難に陥った朝鮮銀行の救済は大蔵省主導で進めざるを得ないから、勝田はあえて自分の息のかかった野中を持っていったというところだろう。

野中新総裁は、就任直後の二月十二日付で、預金部資金五〇〇〇万円の低利貸下願を大蔵大臣に提出し、同時に日本銀行にも低利資金一五〇〇万円の融通を願い出た。条件はいずれも年利五パーセント、期間十年だった。

この低利資金を九パーセントで運用した利鞘に、担保処分運用金を加えると、十年間の利益金は四六〇〇万円ほどになり、大正十二年六月末の欠損見込額九六〇〇万円のうち大口一一先分五二〇〇万円を除いた四四〇〇万円を償却できるという計算だった。

預金部と日銀からの低利貸付によって不良債権を償却するというこの仕組みは、すでに前年四月に台湾銀行に対して預金部資金五〇〇〇万円と日銀資金限度五五〇〇万円の低利援助を実施しており、これに倣ったものだった。

政府からの低利資金は四月から貸下げになり、日銀からも七月に一五〇〇万円が融資された。また、九月から朝鮮銀行に対する監督権を朝鮮総督から大蔵大臣に移管して、大蔵省主導による不良債権処理体制がとられたが、それでも朝鮮銀行の再建は軌道に乗らなかった。

**進まぬ再建計画**

震災による財界のいっそうの萎靡（いび）に伴って、朝鮮銀行の欠損見込み額はさらに増えて、「同行存立の基礎を危くするに至り、且常に財界に対する一大陰影となり一般財界整理恢復（かいふく）の支障たるの実情」（大蔵省）を来した。大蔵省は、大正十四年四月に朝鮮銀行の「徹底的整理を断行する」ことに決め、次の再建計画を決定した。

減資（五〇〇〇万円から二五〇〇万円へ）
無配・減配（大正十四年上期無配、以後五パーセント、政府持ち株は無配）
四〇店舗のうち四支店と二出張所を閉鎖
野中総裁と鈴木穆（しずか）副総裁の罷免（大正十四年七月実施）
役員賞与と交際費の全額カット（大正十四年上期のみ）
職員解雇（大正九年末一九一四名から昭和三年末一一四〇名へ）
定期昇給と賞与の全面停止（昭和七年まで）
経費の大幅削減（営業費は、大正十年上期の四三三万円から、昭和四年上期八三万円に減少）

これに合わせて、公的資金による援助が拡大され、大正十四年には前の年に貸下げた五〇〇〇万円を含む預金部既往融資六九〇〇万円（他は満州・シベリア投資資金一〇〇〇万円、日露実業貸出六〇〇万円など）と日銀融資一五〇〇万円の利率を、年五パーセントから二パーセントに引下げ（昭和三年には年一・二五パーセントに再度引下げ）、新たに日本銀行から五〇〇万円が特別融資された。

七月に正金銀行副頭取の鈴木嶋吉が新総裁に就任し、朝鮮銀行はこの再建策に沿って、人員を整理するほか、定期昇給や期末賞与等は原則として一時中止して人件費の節約を図るなどの本格的整理に着手した。

再建策のうち半額減資については、株主に皇室、李王家や個人株主を含むこともあって異論も強かった。鈴木総裁は自ら全国各地の大株主会で説明に当ったが、大阪では一株主寺田甚与茂が〝重役責任論〟を論じ、「株主が減資で犠牲を払うと同時に、各理事共それぞれ私財を提供せよ」と主張した。

結局、ほかの株主から、「元来一般経済界の不振に基づく結果であって、重役の責任として断ずるには当らない」と反論があって収まったが、こんな思い切った整理に踏み切ったにもかかわらず、朝鮮銀行の昭和元年末の固定貸残高は一億七七〇〇万円で、一億二〇〇〇万円の欠損が見込まれるなど、整理は遅々として進まなかった。

## 台湾銀行休業、各地に取付け波及

昭和二年一月、若槻内閣は、震災手形関連二法案を議会に提出し、関東大震災で決済できなくなって日本銀行が再割引した手形の残り二億円余を、政府の負担で整理することにした。この震災手形の半分一億円は台湾銀行の所有分で、うち六五〇〇万円が鈴木商店関係のものだった。

「両法案が鈴木商店及び台湾銀行の救済である。国費をもって政商を救済するものである」

野党の政友会はこう政府を攻撃し、三月二十三日の貴族院の付帯決議により台湾銀行が徹底的整理を行わざるを得ない窮状にあることが明らかになると、各銀行のコール引上げが始まった。

台湾銀行の市場調達資金は、四月半ばまでの一カ月間で一億八〇〇〇万円も減少して資金繰りがつかなくなり、四月十七日に枢密院が台湾銀行救済緊急勅令案を否決して若槻内閣が総辞職すると、翌十八日、台湾銀行の台湾島内の本支店を除く内地と海外の店舗は、三週間の休業に入った。続いて二十二日には、宮内省金庫を預かる十五銀行が休業し、取付けが全国に波及した。

朝鮮銀行にも、半官半民の発券銀行である同種の台湾銀行が休業に追い込まれたというので、取付けの波が押し寄せた。そのうえ、十五銀行は華族の財産の運用と保全を目的に華族を中心として設立された銀行だったから、朝鮮にあった同種の漢城銀行でも取付けが始まった。取付けは、内地や朝鮮だけでなく上海などの店にも波及し、朝鮮銀行は、預金の支払いだけでなく、内地向け為替による取付けも警戒しなくてはならなかった。

このため、二十二、三日の二日は、内地とともに朝鮮と満州でも日系銀行は休業し、合わせて三週間のモラトリアム勅令が、内地は二十二日に、朝鮮と関東州、満鉄付属地では週明けの二十五日に施行された。

この間、朝鮮銀行は朝鮮と関東州で各銀行に支払資金の非常貸出を行い、鮮銀券の発行高は、三月末の一億一〇〇〇万円から一億三八〇〇万円に急増したが、四月末には一億一四〇〇万円に戻って、取付けも沈静化した。

## 昭和十六年に整理終了

昭和二年五月九日、「日本銀行特別融通及損失補償法」が公布され、支払準備のための日銀特別融資と震災手形の債務免除を行うことになった。

これにより、朝鮮銀行の震災手形持高一七〇〇万円のうち一五〇〇万円が免除され、また年利一・二五パーセントの特別融資も五月に一八〇〇万円が実行された。特別融資は一年後には五八〇〇万円に達し、朝鮮銀行には自助努力による再建が要請された。

同年十二月、鈴木嶋吉総裁が日本興業銀行総裁に転じ、代わって北海道拓殖銀行頭取として同行の整理に手腕を発揮した加藤敬三郎が六代目総裁に就任した。加藤総裁は就任の挨拶で、「当行の業態は尋常一様の努力や忍耐だけで克服し得るような生易しいものではない。したがって諸君に対してもまた前総裁時代の苦闘以上を要請する」と決意を表明した。

剛毅果敢、のちに〝鬼総裁〟と呼ばれた加藤は、「朝鮮銀行を救うべき道は整理にあり」として整理部を設けて固定貸の整理回収に全力を挙げるとともに、エレベータの運転、冬期の暖房装置、昼間の点灯、諸用紙什器類の新規発注、その他経常費の大削減を敢行し、朝鮮銀行には、〝秋霜烈日〟の日々が長く続いた。

昭和十年一月に満州の開原支店に赴任した堀野仙策支配人は、「当時支店には行員七、八名あり……生気なく殆どその全員が、滞貸の回収、家賃の取立、強制処分の下手続きなどに没頭、国策的使命を有する光栄ある朝鮮銀行支店が、恰(あたか)も執達吏役場、登記所の出店、集金人の溜り場の如き感があった」と嘆いている。

加藤総裁の在任十年の間に、朝鮮銀行は固定貸の整理を「大体終える」が、完全に片付くのは昭和十六年になった。また、整理資金として朝鮮銀行に融通された総額一億四七〇〇万円の預金部と日本銀行からの低利資金は、昭和十二年から漸次に返済を開始して、十八年三月の二二〇〇万円を以て完済した。

## 鴨緑江の電源開発に貸出

加藤総裁のとき、朝鮮銀行は日本窒素肥料㈱の野口遵（したがう）が手掛けた鴨緑江（おうりょくこう）の電源開発事業に貸出を始めた。

熊本県の鏡、水俣工場などで硫安を生産していた日本窒素は、豊富で安い電力を求めて大正十五年一月に朝鮮水電㈱を設立した。

鴨緑江の支流の赴戦江（ふせんこう）を堰（せ）き止めて三〇キロに及ぶ長大トンネルと大水圧鉄管で反対の日本海側に導き一〇〇〇メートルの落差をもって二〇万キロワットを発電し、それを二〇キロ離れた朝鮮窒素肥料㈱興南工場に送って、電気分解で得た水素と空中窒素からアンモニアを合成して硫安（りゅうあん）を生産するという大事業である。電力単価は、内地の一キロワット九厘に対し、朝鮮は三厘五毛と見込まれた。

野口の電源開発は、さらに長津江（三二万キロワット）、虚川江（きょせんこう）（三四万キロワット）、水豊ダム（七〇万キロワット）と展開されるのだが、昭和八年四月に始めた長津江の電源開発は三菱が持っていた水利権を野口が横取りした形になったこともあって、メインバンクの三菱銀行が融資を断った。

そこで、宇垣一成（かずしげ）朝鮮総督の口利きもあって加藤総裁がこの大事業を取り上げ、昭和八年六月に朝鮮銀行は朝鮮窒素に五〇〇〇万円を「随時返済期限なし」という条件で貸し出した。朝鮮窒素は、これを後で内地市場で社債に換えることを繰り返し、朝鮮銀行と日本興業銀行が幹事になって社債引き受けのシンジケート団が組織された。

野口の朝鮮での電源開発事業は、最初の赴戦江の四発電所と興南工場だけでも一億一〇〇〇万円、水豊ダムが二億一〇〇〇万円と巨額である。朝鮮銀行の日本窒素（大正十六年に朝鮮窒素を合併）への貸出は、昭和二十年三月末には一億六〇〇〇万円（グループ全体で一億二六〇〇万円）に達した。

# 第八章　満州事変と中国の幣制改革

## 「満州某重大事件」

昭和三年六月三日、蔣介石の北伐軍に敗れた張作霖は、二年間住み慣れた北京の大元帥府を出て、京奉線で奉天へ向かった。四日午前五時半頃、張作霖の乗った特別列車は、満鉄奉天駅の北東一キロ、満鉄線と交差する陸橋下を進行中に爆破された。瀕死の重傷を負った張作霖は、奉天城内の張帥府に運び込まれ、その日のうちに息を引き取った。

真相は「満州某重大事件」として秘密にされたが、関東軍高級参謀の河本大作大佐が「巨頭を斃す。これ以外に満州問題解決の鍵はない。一個の張作霖を抹殺すれば足りる」と決意し、部下を指揮して満鉄の鉄橋の橋脚に爆薬を仕掛けたものだった。

岡田啓介海軍大将によると、「計画を発意したのは関東軍司令官村岡長太郎中将で、河本ははじめ反対したが、のち単独で全責任を負って決行した」という。

大正十四年、張作霖は、満鉄を東西から包囲する二本の並行線の敷設に着手した。満州の大豆などの特産物を、この並行線で渤海の遼東湾に臨む営口または新たに築港する壺蘆島に運ぼうという大計画である。

昭和二年には、北京―奉天を結ぶ京奉線を奉天の先の海竜まで延長する瀋海線と、京奉線の打虎山から北上して四洮線分線終点の通遼に至る打通線が相次いで開通し、東部や北部の豊富な農産物は、満鉄線を経由せずに華北に搬出されて、満鉄の経営を圧迫し始めた。

## 満州（1927年ごろ）

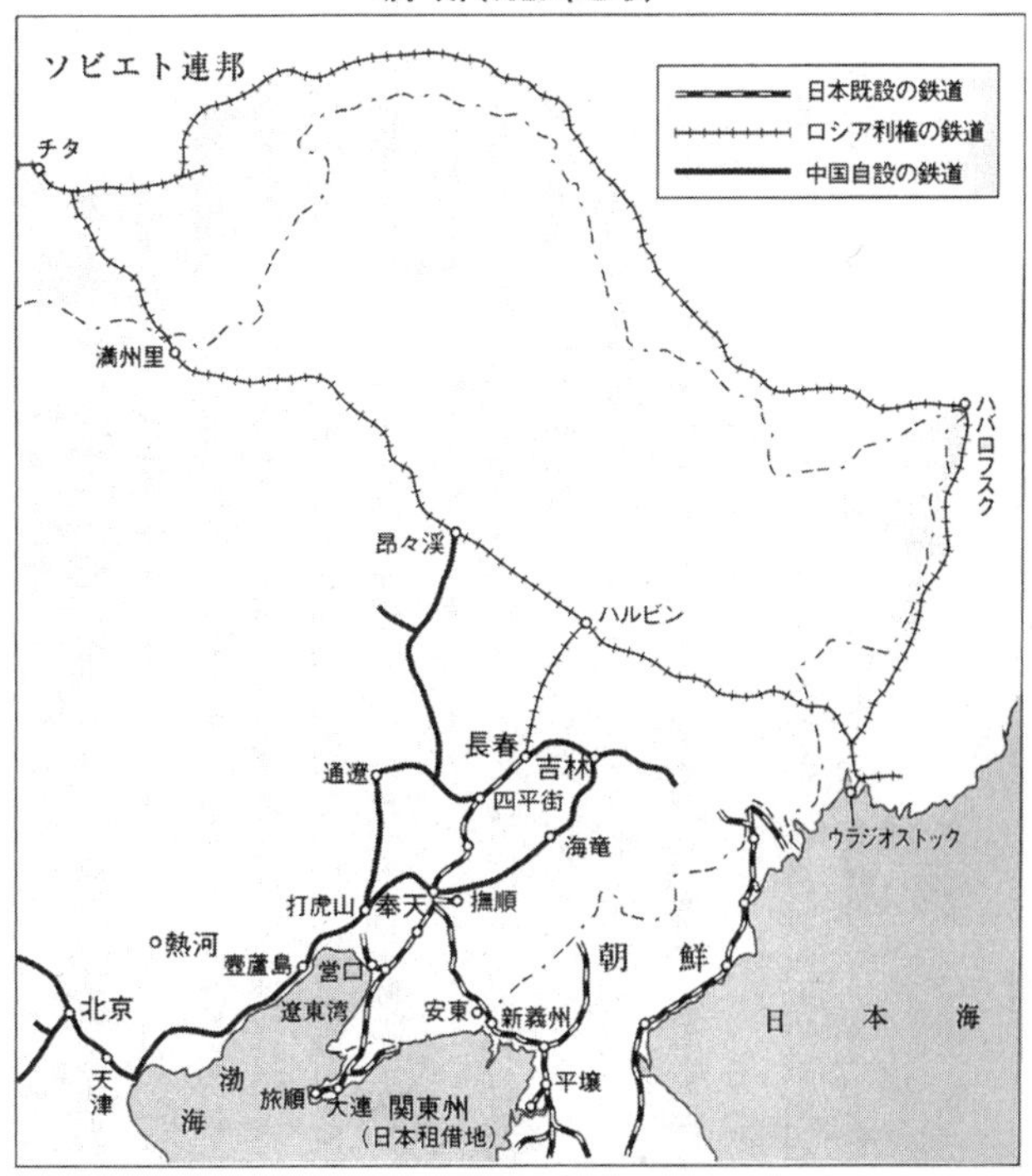

ソビエト連邦
日本既設の鉄道
ロシア利権の鉄道
中国自設の鉄道
チタ
満州里
ハバロフスク
昂々渓
ハルビン
長春
吉林
通遼
四平街
海竜
ウラジオストック
打虎山
奉天
撫順
熱河
葫蘆島
営口
朝
鮮
北京
遼東湾
安東
新義州
日
本
海
天津
渤
海
旅順
大連
関東州
（日本租借地）
平壌

満州での鉄道建設については、明治三十八（一九〇五）年十二月の「満州に関する日清条約付属取極」第三項で、満鉄の並行線を「敷設せざること」としている。

中国側が建設した鉄道は、この取決めに違反すると日本側は抗議したが、張作霖は、追い打ちをかけるかのように、日本人商人と満鉄付属地の中国人商人に営業税を課し、撫順炭と本渓湖炭の課税も強化した。日本商品に対する不当課税、不買運動の強制、商標権の侵害、日本人の奉天城内居住圧迫などの反日政策も始められた。

「在満邦人二〇万の生命、財産は危殆に瀕し……日清、日露の役で将兵の血で購われた満州が、今や奉天軍閥の許に一切を蹂躙されんとしている」

張作霖爆殺は、こう焦慮した末の犯行だったと河本大佐はいう。

張作霖の死後は、息子の張学良が昭和三年七月に黒竜江・吉林・奉天（遼寧）の東三省保安総司令に就任して、満州の政権を握った。

その半年後の十二月、張学良は、満州の主要都市で自分の五色旗を国民政府の青天白日旗に取り替える「易幟」を行って、国民政府による満州統合を受け入れる意思を表明し、河本大佐のいう〝満州の危機〟はいっそう高まった。

## 満鉄経営悪化の原因

日本の満州の利権は、いうまでもなく日露戦争で獲得した大連、旅順の関東州と南満州を東西に両断する満鉄とその付属地を基本としている。

この土地には日本の国内法を適用して日本の領土と同じと見なしてきた。さらに、大正四年の「二十一カ条の要求」の際に成立させた「南満州及東部内蒙古に関する条約」によって、「南満州に於て必要なる土地を商租する」権利を獲得し、日本人と朝鮮人は満鉄付属地外の奥地でも、自由に事業を経営し、自由に通行できる治外法権を得ていると、日本側は理解している。

当時、上海に駐在していた重光葵（しげみつまもる）総領事はいう。

「これは……非常に重大な権益で、日本が人口問題に苦しみ、経済上の資源欠乏に悩んでいる際だけに、まさに日本の死活の問題として取り扱われ……満州は日本の生命線であると言われた」

ところが、その満州で張学良が東三省保安総司令になって――、昭和四年度一億二二〇〇万円、五年度九五〇〇万円、六年度八五〇〇万円――、満鉄の鉄道収入は急減し、その他の撫順炭砿などの鉱業、鞍山製鉄所の製鉄業、それに大連港の港湾収入などを合計した満鉄の営業総収入も、昭和四年度二億四一〇〇万円、五年度一億八八〇〇万円、六年度一億八七〇〇万円と落ち込んだ。

このため、昭和五年度は、決算をやり繰りして辛うじて一般八分、政府四分三厘の株式配当を行ったが、六年度は、経費節減、社員給与の低減、社員の多数整理（約二〇〇〇人）等を断行したものの、ついに会社未曾有の赤字決算（三四〇万円）になり、特別積立金の戻し入れなどで、ようやく配当を行う状況だった。

満鉄の経営が行き詰まったのは、なぜか。

満鉄は、明治四十年十月に、運賃を従来の銀建てから金建てに改め、この時から満州の鉄道運賃は、満鉄が金建て、中国側鉄道が銀建てになった。

一九二九（昭和四）年春、銀の暴落が始まり、ロンドンの銀市況は、年内に一オンス二六ペンス台から二一ペンス台に落ちて、一九〇二（明治三十五）年以来の安値を記録した。銀価はその後も暴落を続け、一九三一年二月には一二ペンスにまで崩落した。

銀価が二六ペンスから一二ペンスに下落すれば、その分——、つまり中国側は五四パーセントの運賃値下げをしたことになる。満鉄も運賃を二割引き下げて対抗したが、とうていこの運賃格差は縮まらず、貨物は大迂回しつつ中国側鉄道に流れ込むことになったのである。

### 満州事変勃発

昭和四年、中国の東北交通委員会は、「東北鉄道網計画縁起」を作成し、先に一部が開通した満鉄線を挟む東西二大幹線をさらに延長するとともに、一八本の枝線を建設して、満鉄の死命を制する計画を立てた。

「東北は満鉄を回収せざる限り安んずるを得ず。さりとて今、急にこれを回収するを得ず。故に方略を定めて満鉄を自滅の境に陥らしむるの策を講ずるを要す」(『満州開発四十年史』)

東北交通委員会は、こう強調したという。

「このままでは、明治以来、営々と続けてきた対満投資一五億円を捨てて満州から総撤退する日も遠からず来るのではないか」

日本側が危機感を強めていると、昭和六年四月に南京(ナンキン)政府の王正廷外交部長は、国民政府は革命外交を次の五つの順に進めると発表した。

関税自主権の回復、治外法権の撤廃、租界の回収、租借地の回収、鉄道利権・内河航行権・沿岸貿易権の回収――もちろん大連、旅順などの関東州租借地と満鉄もこれに含まれると、王外交部長は重光総領事に強調した。

「これは、日中間の交渉では機微な満州問題には手をふれないという暗黙の了解を踏みにじるものだ。中国が利権の回収に乗り出して、日中関係は〝堅実に行き詰まる〟、そして、日本の生命線が侵される以上、武力衝突が起きるのは必至……」

幣原外相や重光総領事がこう見ていると、昭和六年九月十八日、奉天郊外の柳条湖(りゅうじょうこ)でまたも中国便衣隊(べんいたい)の仕業(しわざ)にみせかけた鉄道爆破事件が起き、これをきっかけに、日本の奉天独立守備隊が、中国の東北軍第七旅団が駐屯する北大営に攻撃を開始した。満州事変である。

## 満州中央銀行設立

事変勃発とともに、関東軍や関東庁の国庫金を取り扱う朝鮮銀行は、かつてのシベリア出兵と同様、派遣行員を従軍させて国庫事務を取り扱い、鮮銀券をもって関東軍の軍費支払いなどに応じた。

また、関東軍は、各省の中心地を占領すると、必ずその地の官銀号（各省政府の出資による発券銀行で預金貸付業務も営んでいた）を押さえて、満鉄と朝鮮銀行、正金銀行から派遣された監理官が、その所有する資産と通貨発行を監理運営した。そして翌七年六月十五日に、東三省、吉林永衡、黒竜江省の各官銀号と辺業銀行の四行号の資産と負債をそのまま継承して満州中央銀行が設立され、旧紙幣を回収することになったが、その前に、満州国の新通貨を、銀本位にするか、金本位にするか、激しい議論があった。

昭和二年末の満州の通貨流通量は大洋銭換算で、現地通貨一億六七〇〇万元、日本側紙幣四七〇〇万元（鮮銀券四三五八万円、正金銀行銀票五四六万円）、合計二億一四〇〇万元だった。関東州および満鉄付属地では、鮮銀券が法貨として通用している。

朝鮮銀行の加藤総裁や関東軍顧問の鈴木穆（しずか）（元朝鮮銀行副総裁）は、鮮銀券の流通を満州全体に拡げろと金本位を主張した。

満州中央銀行本店

しかし、満州国財政部総務司長として新通貨制度を検討していた阪谷希一は、終始一貫して銀本位制を主張し、関東軍の板垣征四郎と石原莞爾の両参謀も、「実際には満州では銀を使っている。これを急激に銀を金に換えたら混乱に陥る」という主張を支持したこともあって、六月十一日公布の「貨幣法」第二条は、「純銀の量目二三・九一瓦を以て価格の単位とし之を円と称す」と、銀本位紙幣を満州国の国幣とすることになった。

純銀二三・九一グラムを価格の単位としたのは、これが、中国各地に流通していた各種現大洋（円銀）の平均純銀量目だったからで、新国幣は現大洋と等価になった。

満州国が承継した旧紙幣の新国幣換算額は一億四二二三万余円で、このうち九七・二パーセントが三年後の昭和十（一九三五）年六月末までに回収された。

また満州中央銀行に合併した旧四行号が所有していた発行準備は、現大洋換算約四〇〇〇万元だった。これに朝鮮銀行を通じて三井、三菱両家より融通した二〇〇〇万円などを加えると、開業一週間後の七月七日時点で、紙幣発行高一億四三八八万円、正貨準備高八一四五万円、準備率五六・六パーセントに達していた。

満州中央銀行券　1円

こうして、「満州国で最も成功したものは、通貨制度であることは何びとも認めるところ」（星野直樹・満州国財政部総務司長）というほど順調に満州中央銀行による旧紙幣の整理は進み、為替相場も物価も安定したのだが、このとき、新生満州国にとっても、また銀本位の中国国民政府にとっても、予期せぬ事態が進行しつつあった。銀の国際的暴騰である。

## 銀価の国際的暴騰

アメリカはメキシコやペルーで銀鉱山を経営しており、全世界の銀の採掘量の三分の二、一億七〇〇〇万オンスを産出していた（一九二九年実績）。ところが銀価格は第一次大戦後に下がり始めて、前述のように一九三一（昭和六）年二月のロンドン銀塊相場は一オンスあたり一二ペンスと有史以来の安値に下落してしまった。第一次大戦後の一九二〇（大正九）年二月の最高値八九ペンス二分の一に比べると、わずか一五分の二に暴落したことになる。

この理由は、世界恐慌による一般的物価の低落に加えて、アメリカやメキシコの新産銀量が十年間に五割もふえたこと、インドが一九二六（大正十五）年に金本位制を採用して保有銀とルピー銀貨の売却を開始したこと、各国で補助銀貨の品位の引下げや銅、ニッケル、アルミなどへの切替えが始まったことなどである。

ところが、一九三三（昭和八）年三月にアメリカで民主党のF・D・ルーズベルトが政権につくと、銀産出地方議員や農村議員、インフレ論者からなるシルバー・メンは大統領に迫って、この年五月に成立した「農業救済法」第三部（トーマス修正条項）に、金銀複本位制の採用権限を大統領に与える条項を盛り込むことに成功した。

続いてこの年七月には、アメリカ、カナダ、オーストラリア、メキシコ、中国、インドなどの銀産国による「八カ国銀協定」が成立して、各銀産国は一九三四年から四年間毎年三五〇〇万オンスの銀を買い上げることになった（うちアメリカは二四〇〇万オンス）。

さらに、一九三四年六月には「銀買入法」が成立、八月には「合衆国本土に存在する一切の銀は……合衆国造幣局に引渡しを命ずる」という銀国有令まで成立した。アメリカ財務省は本格的な銀買上げを開始し、八月から十二月(一九三四年)までの四カ月間に一・七億オンスの銀をロンドンを中心とする市場で買い上げた。

アメリカ財務省の銀買上げは、一九三五年五・三億オンス(うち外国銀四・九億オンス)、一九三六年三・三億オンス(同二・七億オンス)と続き、銀価格も、一九三五年四月には三六ペンス四分の一と、一九二二年来の最高値をつけた。

## 中国の「財政整理大綱」

このアメリカの銀政策は、中国に深刻な影響を及ぼした。

銀本位国の中国は、銀安による為替相場の下落によって比較的繁栄を続けることができた。国際収支の赤字は貿易収支の大幅黒字によってカバーしており、年々巨額の銀が流入していた。

ところが、アメリカの銀政策が本格化した昭和八(一九三三)年から、海外銀貨と為替との開きが拡大して現銀の激しい海外流出が始まり、昭和九年には二億五七〇〇万元の銀の出超を記録した。当時の中国での銀の推定流通高は一六億元であり、国内銀の不足により上海の金融は逼迫し、有力な銭荘(せんそう)(日本の両替屋にあたる)の倒産も相次いだ。銀恐慌である。

すでに国民政府は、北伐完了直後の昭和三（一九二八）年七月に「財政整理大綱」をまとめ、幣制方針について、中央銀行の設立と通貨発行権の集中、廃両改元の実施、年間一五〇〇万元に達する造幣利益を積立てて金本位制採用の準備とすることなどを決定していた。

そして、三カ月後の十月五日には早くも中央銀行条例が公布されて、十一月一日に全額政府出資による中央銀行が上海で営業を開始した。

昭和八年四月、国民政府財政部は、銀本位幣一元につき上海両〇・七一五両の比率で銀元に換算する廃両改元令を布告し、中央造幣廠が鋳造する「銀本位幣」を本位貨幣として幣制統一を進めることにした。

貨幣の発行や取締りに関する権限を政府が握ったことによって、通貨を通じて中国の経済社会を統制できるわけで、この時期すでに先進諸国は次々と金本位制を離脱していたことを考慮すると、この廃両改元は、管理通貨制度採用の第一歩だった。

## 朝鮮銀行の発行権回収を唱える高橋是清

ところで、国民政府が幣制改革による銀本位離脱の検討をはじめた昭和十（一九三五）年二月のこと、第六十七議会の衆議院での質疑応答で、朝鮮銀行の存立を揺るがすような発言が、高橋蔵相の口から飛び出した。

この議会では、朝鮮銀行と台湾銀行の限外発行税率を五パーセントから三パーセントに改める改正法案の審議が行われたが、二月二十二日の委員会で質問に立った政友会の小笠原三九郎は、「便宜上台湾銀行を中心として御質問申上げますが……」としてこう述べた。

「政府に於かれては台湾銀行の改正は、之を以て足ると云う風に御考になって居るかどうか……申すまでもなく台湾銀行が昭和二年四月に、所謂金融恐慌の真っ只中に於て……あゝ云う殆ど空前の不始末を演じて、国家に多大の損害を与えましたことは私共の記憶に今なお新たなる所であります、又近くは債務弁済の為に引取った帝人株であるとか、或は神戸製鋼の株であるとか、其他の問題に付て色々天下の耳目を聳動（しょうどう）するような事件を惹起して居る、是は……其制度、組織の中に欠陥があるのではないか」

小笠原議員がいう「空前の不始末」とは、昭和二年の金融恐慌の際に三週間の休業に追い込まれた台湾銀行が、日銀融資一億八五〇〇万円の償還免除を受けたことなどを指す。また帝人株というのは、斎藤実（まこと）内閣を総辞職に追い込んだ帝人事件のことをいう。

答弁に立った高橋蔵相は、「是は一つ速記を止めて」と前置きすると、こう述べた。

「根本的には台湾銀行、朝鮮銀行両行の兌換券発行権を日本銀行に統一したい……今まで種々国家に迷惑をかけた主なる原因は発行権があるため金が自由になり過ぎる点にある。わが国全体としても通貨発行権を中央銀行に統一しておかなければ金融や資本の統制が出来ないのである」

この発行権統一問題は、翌年の二・二六事件で高橋蔵相が殺されたこともあって結局実現しなかったが、高橋蔵相はなぜ朝鮮銀行の発行権を回収したいといったのか。

まず直接の要因としては、満州国における金建て・銀建ての争いがあった。関東軍や関東軍顧問の鈴木穆は、満州国幣を金建てにして日本側通貨と統一する工作を繰返し試みていたから、元正金銀行頭取で「銀派の中心人物」の高橋としては、これを排除したいと考えたのだろう。

そしてもうひとつの要因は、植民地通貨として陸軍の大陸侵攻と行動をともにしてきた鮮銀券の性格である。日本は、昭和八(一九三三)年二月に国際連盟総会で日本軍の満州撤退を含む勧告案が採択されると、「受諾することは為し能わざるところ」と連盟を脱退した。

「連盟に入っていればこそすべての点で拘束されて自由がきかない。連盟さえ出れば、どんなことでも思いのままやっていい。たとえば平津(北京・天津)地方だって必要に応じて占領することもできるし、どこにどう兵を出しても何らの拘束も受けない」

荒木貞夫陸軍大臣はこう放言した。

連盟脱退と時を同じくして関東軍は熱河省へ侵攻を開始し、続いて四月には長城線を越えて関内へ攻め入って、五月三十一日に天津に近い塘沽(タンクー)で結んだ停戦協定により、日本は河北省の一部、長城内に広大な非武装地帯を設けることに成功した。

高橋は、連盟脱退の時の斎藤内閣で蔵相をつとめ、岡田内閣でも藤井真信（さだのぶ）が病気で辞任したあと、七度目の蔵相に就任していた。

この高橋にとって、鮮銀券が、連盟脱退の際の熱河作戦の際にも、一種の軍票の用に供せられて、軍費支弁に多大の便益を与えたことは、苦々（にがにが）しいことだった。また、昭和六（一九三一）年の満州事変の際も同様であり、その前のシベリア出兵や青島事件の際にも用いられており、直接金貨兌換義務のない鮮銀券は、つねに日本軍の大陸侵攻とともにあった。

陸軍の華北分治工作をなんとか押えたいとする天皇や元老周辺の意を受ける高橋蔵相としては、軍部予算を抑えるとともに、朝鮮銀行の発行権を回収して金融面でも陸軍の出先の策動を封じたいという思いが強かったのだろう。

しかし——、もし高橋蔵相が朝鮮銀行から発行権を取り上げたとしても、それで陸軍の華北侵攻は止められなかったろう。とすれば、第三章で紹介した「植民地銀行障壁論」——昭和三十年になって小西春雄福岡市長が、「満州まで日銀券一本で流通させていたら、敗戦により日本経済は極度の混乱に陥っていたろう。昔の偉い連中はさすがに深い考えをもっていた」としみじみ述懐したように、高橋蔵相が意図した発行権回収が実現しなかったがゆえに、日本は敗戦による極度の経済混乱を回避できたということになる。

## リース・ロスの中国幣制改革案

こんな騒ぎが一段落した昭和十年九月、イギリス大蔵省顧問のリース・ロスが広田弘毅(こうき)外相を訪問して、中国の幣制改革を提案した。

「支那に有力なる中央銀行を興し、紙幣発行権を独占せしめ、外国よりの援助資金を以てロンドンにリザーブを設けて紙幣はポンド貨にリンクせしめて銀本位制より離脱せしめ……他方支那をして満州国を承認せしめて時局の安定を導き、満州国は独立前支那の負担せし内外債の適当な割合、例えば関税収入の割合よりして全体の三割とし、年額約百万ポンドの負担をなし、之を支那に支払うこと」

リース・ロスの構想は、満州国承認をからませているのが注目されたが、広田外相は、「現下の支那にては到底見込みなし」、「現状に於ては幾ら金があっても軍費に費消せらるるが精々……」と答え、リース・ロスは「日本側の所説には失望せり」と表明して上海へ渡った。

日本の実力では満州に投資するのが精一杯ということだが、中国では現銀の海外流出がますます激しくなって、金融も産業も未曾有の恐慌状態に追い込まれている。為替相場は日々暴落を続け、十月末に中国法幣は事実上兌換停止の状態に陥った。

こんな最中、昭和十年十一月一日に、親日派と目された行政院長・汪兆銘(おうちょうめい)が抗日分子によって狙撃される事件が発生して、中央、中国、交通の三政府系銀行で取付けが始まると、国民政府は十一月三日に幣制緊急令を公布して、現銀の買上げ（国有化）と政府系銀行の発行する銀行券だけを法幣とする管理為替通貨制度を、翌四日から実施すると発表した。

翌十一月四日、中央銀行は公定為替相場を、対英一シリング二ペンス二分の一（一元につき）、対米二九ドル四分の三（一〇〇元につき）、対日一〇三円（同前）などと発表したが、ポンドなどの特定の外国通貨とのリンクを明記していなかった。

国民政府がもしこの現銀の全面的集中と政府銀行券の強制通用に成功すれば、通貨面でも全国統一を達成できるわけで、危機感を強めた日本側はこれを排撃する態度に出た。「日本が横浜正金銀行を通じ新通貨に攻勢をかけ（十一月十一日に一二五万ドルの外為買い）、中国は現在三五〇〇万〜四〇〇〇万ドル相当の金準備と外国為替を保有しているに過ぎない」

十三日にアメリカのモーゲンソー財務長官は、ルーズベルト大統領にこう報告した。イギリスからの借款も望めなくなった国民政府は、追い詰められていたが、この日にアメリカは、第一次米中銀協定を成立させて、一オンス＝六五セントで五〇〇〇万オンスの銀買上げを決めた。

国有化した銀を売却できるかが幣制改革の成否を決めるカギだったから、中国政府がイギリス（リース・ロス）に相談して作成した幣制改革の基本プランを、アメリカが成功させた形になった。

「米国は、この英国の貨幣植民地に割込んだ。米支が銀価の崩落阻止を共同の目標として接近した。これが……米支銀協定である。……結局支那の幣制改革は、英米支の合作には間違いなかった」(東亜研究所『支那占領地経済の発展』)

そして銀本位の満州国でも、銀価の高騰により中国は銀本位を離脱したが、事態は同様だった。満州国幣は、銀価の高騰とともに漸次銀より離脱することで防衛に努めたが、それでも国幣一〇〇円の対日本円相場は、満州中央銀行開業時の七三円六〇銭から、昭和九年初めには一一〇円を突破した。そこで十年四月に、星野直樹総務司長は、満州中央銀行の山成喬六副総裁と協議して、国幣を銀から離脱させて、日本円と等価で結びつけると決定した。

そして、中国が幣制改革を宣言した翌日の十一月四日に、満州国財政部は、国幣の日本円との等価リンクを声明し、日本政府も同時に、満州国の通貨が日本円にリンクし、満鉄付属地行政権が満州国に移譲されることになったこの機会に鮮銀券と正金銀行の銀票は満州国から撤退すると声明した。

アメリカの銀買上げ政策が、国民政府の幣制統一と満州国幣の日本円リンクという全く予期せぬ結果をもたらしたのである。

## 華北金融独立工作

国民政府の幣制改革に先んじて、華北に駐屯する日本軍（支那駐屯軍）は昭和十年七月末に「満州事変の先例に倣い省立銀行たる河北省銀行を接収し、同行をして金庫業務を取扱わしむる」という検討を始めていた。それだけに、国民政府が幣制改革を実施すると、「新幣制の成功は金融的、財政的に惹いては政治的に北支及西南従前の半独立性を完全に拋擲(ほうてき)せしむるに至るべく……満州建国以来の日本の対北支政策の全面的敗北にして到底容認し得ざるもの」と判断し、新幣制の排撃と華北金融の独立工作を急いだ。

十一月中旬、関東軍は再び山海関(さんかいかん)付近に兵力を集中して、華北に侵攻する構えを見せた。銃剣の威嚇のもとに、華北五省の自治政権を発足させる――、具体的には、元察哈爾(チャハル)省主席で平津衛戍(えいじゅ)司令の宋哲元を中心に、河北省主席の商震(しょうしん)、山西省主席の閻錫山(えんしゃくざん)、山東省の韓復榘(かんふくく)などの軍閥の頭目を抱き込んで、防共委員会を組織する、この委員会は、軍事と財政を掌握し、また円とリンクした新通貨を発行するなど、南京政府から完全に独立した自治政権として、日満華北の経済ブロックを確立するという構想である。

関東軍は、奉天特務機関長の土肥原(どいはら)賢二少将を北京に送り込んでこの工作を急いだが、宋哲元らは躊躇して動こうとしないため、土肥原はとりあえず塘沽協定非戦地区の自治を実現することにして、昭和十（一九三五）年十一月二十五日、日本軍の傀儡的存在である戦区の行政督察専員の殷汝耕を委員長に、冀東防共自治委員会（一カ月後に自治政府と改称）を発足させた。

冀東委員会の発足は国民政府を大いに刺激し、十二月十八日には、河北および察哈爾省、北京・天津両市の一切の政務を処理する冀察政務委員会が北京で発足した。この冀察政権は国民政府の一機関であるが、委員長には日本軍の意中の人物の宋哲元を据えたこと、また管轄区域内の二二県は日本軍の傀儡である冀東政府の区域であり、前者は後者の存在を認めないなど、複雑な関係になっていた。

翌昭和十一年一月、陸軍省は、「可成速に中南支方面よりの実質的支配関係を排除し進んで其の資金を吸収利用する」という基本方針のもとに、中国新幣制に準拠した一種の金為替本位制の華北幣制案を天津軍参謀長に指示した。

華北金融の実質的な分離独立を急ごうということで、昭和十一年五月以降、冀察政務委員会経済委員会は、河北省銀行に新紙幣を発行させて、北京、天津、保定、察哈爾の地方に流通させた。続いて冀東防共自治政府の首都通州に日満両国の援助によって資本金五〇〇万元の冀東銀行が設立されて、十一年十一月一日から日本の造幣局で製造した鋳貨と印刷局で製造した紙幣を発行して営業を開始した。

冀東銀行券は、朝鮮銀行天津支店と北京支店で鮮銀券と無制限に交換するとされ、また冀東銀行の正貨準備は朝鮮銀行に預入れされた。

## 預金等を満州興銀に引継ぐ

朝鮮銀行は、昭和十一年末をもって満州から総撤退することになり、満州では、十二年一月一日に満州興業銀行が、朝鮮銀行、満州銀行および正隆銀行の在満州国五九店舗と預金、貸出、行員などを引継いで営業を開始した。

満州興銀は、満州国が昭和八年三月に発表した「満州国経済建設要綱」の中で、「農工業の発達に資する為め特殊金融機関を設立し割増金付債券を発行を特許する等の方法により長期低利資金の供給を行わんとす」としたのを実現したもので、関東州の大連、旅順両支店を除く朝鮮銀行の在満州国二〇店舗は、二五三名の行員、一二九名の傭員ともども新銀行に引継がれた。

もっとも、新銀行の資本金は朝鮮銀行と満州国が折半で出資し、副総裁には松原純一朝鮮銀行副総裁が横滑りしたのだが、朝鮮銀行は、二十七年前に第一銀行が店舗、人員、諸勘定を韓国銀行に引継いで韓国から撤収したのと同じ轍を満州で踏むことになったわけである。

朝鮮銀行が満州興銀に引継いだ勘定は、貸出、預金とも全体の一五パーセントほどだった。朝鮮銀行は、満州で失ったものを「華北での鮮銀券の発行及び円による為替、預金、貸出業務に進路を見出す」ことにし、昭和十一(一九三六)年六月に「北支通貨金融工作に関する意見書」を関係筋に提出した。

「日本の北支金融工作としては、北支通貨を逐次日本金円に連繫せしめ以て漸進的に統制と強化を図るべきなり……已に北支に於て金円通貨として存在する鮮銀券を利用することは、最も自然にして容易なる方法なり……北支金融工作は、事実問題としては鮮銀を強化して其の任に当らしめること」

西原借款の際の金券発行問題を想起させるような文章である。

この時、朝鮮銀行は、台湾銀行と朝鮮殖産銀行を吸収合併する〝東亜銀行〟構想を掲げており、「恰も過去において朝鮮銀行が朝鮮より出で、満州、支那に伸び、台銀が台湾より進んで支那、南洋を業域に収むるに至りたると同一行程を新銀行により国策に基き一層統制的に且つ強力に遂行せんことを期する」と、自ら大東亜円ブロックの盟主を目指す姿勢も打ち出した。

そして朝鮮銀行は、冀東銀行の設立や経営指導など華北金融独立工作に積極的に乗り出し、満州撤退直後の昭和十二年一月には北京支店を開設し、三月に在華日本人側地方銀行である上海銀行を、十三年八月には天津銀行をそれぞれ傘下に納めて地場金融に当らせるなど、中国での業務展開に力を注いだ。朝鮮銀行の華北店の預金と貸出は、十一年下期から目立った増加を示している。

## 失敗に終った華北金融独立工作

しかし、日本側の華北金融独立工作はそこまでだった。国民政府が幣制改革を実施したとき、日本側はすかさず「北支金融緊急防衛令」を発して、「一、現銀の南送を禁止すること、二、中央に対する送金を停止すること、三、金融機関に対する監督を厳重にすること」の三項目を華北で実施しようとした。しかし、この案を提示された各省の実力者――河北省の宋哲元、察哈爾省の秦徳純、山東省の韓復榘の各将軍は動こうとせず、現実にこの三項を実行したのは冀東政権だけだった。

華北の実力者がこんな態度では、華北金融の独立が成るはずがない。また、支那駐屯軍が、国民政府の先手を打って実施しようとした現銀の接収と民間在銀のプレミアム付買上げも、国民政府と米国の銀売却交渉が成立したため、失敗に終った。

当時の日本の外貨準備は、昭和十一年末に馬場鍈一蔵相が前年度比三割を超える大型予算を組むと国際収支の大幅赤字によってたちまち底をつき、日銀は昭和十二年二月から七月になけなしの金塊四億四九〇〇万円を現送して埋め合わせたほどで、とても余裕はない。

華北に中央銀行を設立して日本円にリンクした通貨を発行させ、しかも外国為替を無制限に売り応じることなど日本には全く不可能で、現実的な選択としては、華北金融を〝南京幣制に追従させる〟しか方法はなかった。

# 第九章　日中戦争と戦費の調達

## 鮮銀券の下落

昭和十二（一九三七）年七月七日に盧溝橋事件が起こると、日本政府は早々と華北派兵を決めたものの、「今後共局面不拡大の為平和的折衝の望を捨てず」（七月十一日政府声明）という姿勢だった。

ところが七月二十五日に朝鮮から出動した第二十師団と中国側の第二九軍第三八師が天津・北京間の廊坊で武力衝突し、翌二十六日には北京広安門で入城中の日本軍に中国軍が楼上から射撃を加えるという事件が起きて、日本軍は総攻撃を決定する。

この日、日本政府は九五九五万八〇〇〇円の第一次北支事件費予算案を閣議決定して、前日に開会した第七十一特別議会に提出し、大蔵省も軍の要請を受けて朝鮮銀行に「軍費支払のため北支に於て使用すべき通貨に関する件」を通牒し、差当り一〇〇〇万円の鮮銀券を現地の支払いに当てることにした。

それまで華北では、朝鮮銀行天津支店が治外法権を利用して発行する鮮銀券が天津、済南、青島で三〇〇万円ほど流通してある程度の信用を得ており、また支那駐屯軍も従来から鮮銀券を使用していたから、差当りこれを増発して軍事支出を賄うというこの措置は、やむを得なかった。

華北での臨時軍事費の支払いは七月から始まり、七月五〇万円、八月一〇五〇万円、九月一七六五万円と急増して、昭和十二年末までに総額九三〇〇万円になった。

十二年末の華北での鮮銀券の流通高は、華北各店の発行超過額三三〇〇万円のほかに、既流通分三〇〇〇万円、満州国と朝鮮からの持込み七〇〇〇万円を加えて、四三〇〇〇万円に達した。

しかし、外貨に転換できない鮮銀券は、一般には普及せず、ことに外国租界内の物資はすべて法幣建てで取引きされていたから、法幣がなければ軍の必需物資も購入できない始末であった。外国租界があるため軍政をしいて強制通用力を持たせることも難しい。

八月に入って、国民政府がモラトリアム令を公布して中国側銀行の預金払出しを制限する一方で、法幣の南方移送を強行して法幣デフレ策をとると、法幣の市中相場は上昇し、逆に鮮銀券は急速に下落して、八月中旬には一〇〇円につき法幣七一元の安値に落ち込んでしまった（国民政府は昭和十年十一月の法幣改革時に、一〇〇元は対日一〇三円と公定為替相場を発表した）。

## 通貨戦争で敗北

鮮銀券の価値が下落すると鮮銀券の〝南下現送〟が始まった。華中では事変が上海に波及した八月から軍用通貨として日銀券が使用され、昭和十三年三月ころまで一シリング二ペンスの対外基準相場を上海で維持していた。

この華北円安、華中円高に乗じて、鮮銀券を華北から上海に運んで日銀券に換えて法幣を購入し、これを北送して下落した鮮銀券に換える鞘取りが盛んになった。

次いで、昭和十三年三月に蔣政府の外貨割当制の実施によって法幣の対外為替相場が下落し、一方華北では中国連合準備銀行が発足して連銀券と法幣、日本円の等価政策がとられると、またも鮮銀券の南下が始まった。

今回は、「北支より鮮銀券を中支に運び中支に於て日銀券を通じ（又は鮮銀券を以て直接）安き法幣を購入、之を北支に持帰り等価にて中国連合準備銀行券を通じて鮮銀券に交換し、以て鞘稼ぎを行う操作頻繁に行われ……」というものである。この時には、大連航路船が着くごとに上海の円相場は下落し、朝鮮銀行上海支店が受け入れた鮮銀券は三月中旬からの三カ月で八〇〇万円に達した。

「鞘取り」——日本銀行の理事から昭和十一年に満州中央銀行総裁に就任し、十七年に朝鮮銀行総裁に転じた田中鉄三郎が、「通貨に関する図表」（昭和十六年五月）という興味深い資料を残している（未公開）。

満州中央銀行が作成したもので、表紙には「支那を中心とする日貨、米貨、法幣、軍票の為替悪循環により日本がいかに莫大なる損失を蒙りつつあったか、および日系通貨の価値向上によりその損失を如何なる程度に軽減し得るか御高覧仰ぎ度し」と記され、いろいろなケースの鞘取りを図解している。

## 図表1　上海を中心としたる日貨、米貨、法幣、軍票の為替価値を悪用したる不法利鞘取表

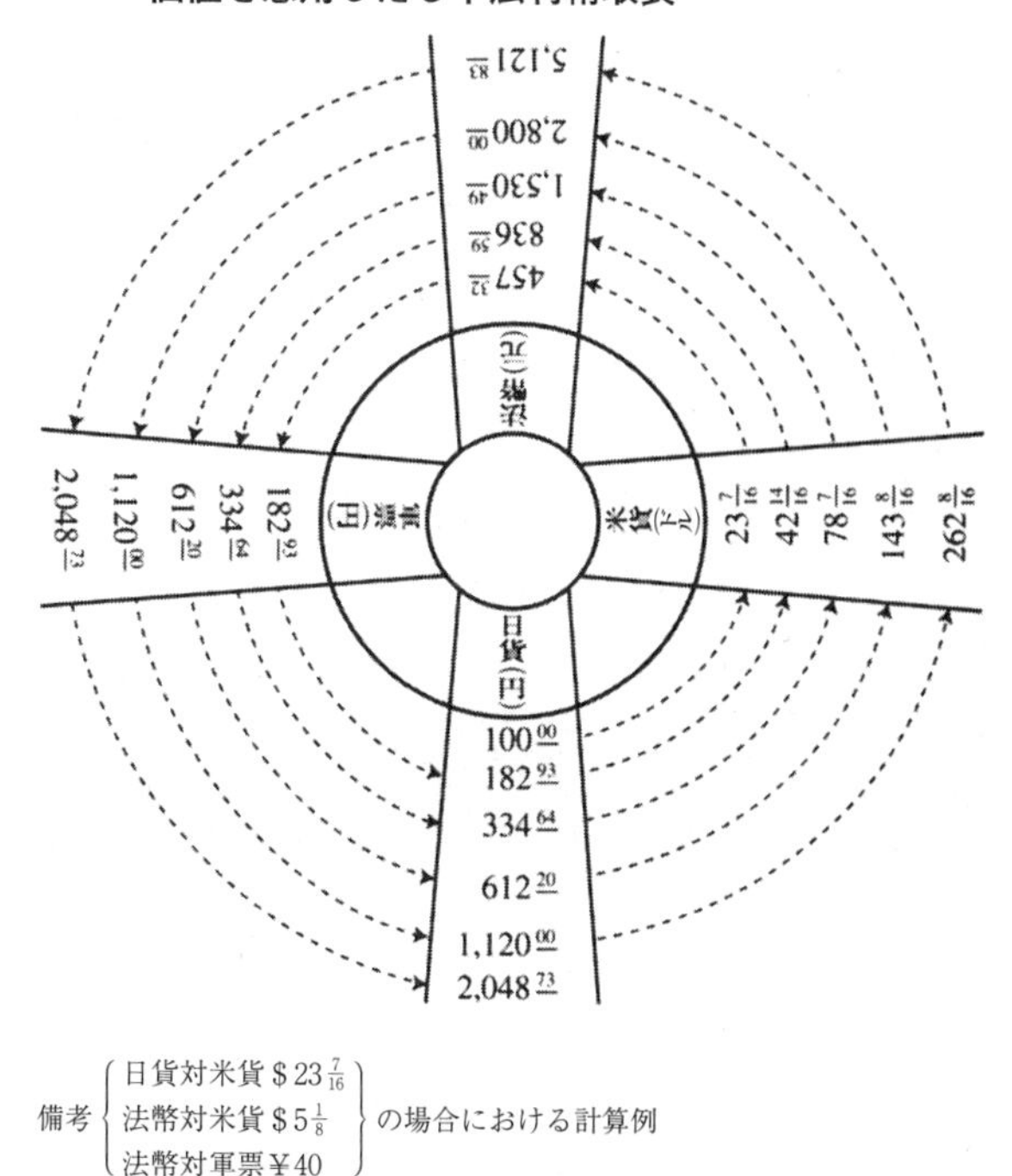


備考 ｛日貨対米貨＄23 $\frac{7}{16}$ ／法幣対米貨＄5 $\frac{1}{8}$ ／法幣対軍票￥40｝の場合における計算例
（昭和16年5月）

そのひとつ「上海を中心としたる日貨米貨法幣軍票の為替価値を悪用したる不法利鞘取表」（図表1）を紹介する。

「上海を中心として日貨、米貨、法幣、軍票の価値を不法に悪用し之等を循環的に交換することにより日貨の価値を低下せしむることを表わす。即ち最初日貨百円を取得したる者が五回の回転により二千四十八円七十三銭を取得する結果となる。国家の為至急防止すべき対策を考究すべき要あり」

当時の対米為替レート一〇〇円＝二三ドル一六分の七は、第二次大戦勃発によりポンドからドル・リンクに切り替えたものである。また華中で日本軍が昭和十二年十一月から発行した軍票は、日本円と額面は等価である。

五回の回転で一〇〇円が二〇四八円になるというのもべらぼうな話だが、すべては法幣の対ドルと対軍票相場に歪みがあること――法幣一〇〇元＝軍票四〇円の相場から計算すれば一〇〇元＝一〇ドル弱になる法幣の相場が、実際には五ドル八分の一であること、言い換えれば軍票の相場が下落していることから生じるものである。

こうして日銀券や鮮銀券は、中国で投機筋に翻弄され、しかもその影響は日本内地に及んで、日本からの円建円払い輸出（主に南方、中近東方面）の代金決済が、上海の割安な円紙幣を買って行われたので、外貨の流入が減少した。

たまりかねた日本側は、日銀券を引揚げて円貨軍票を使用する軍票一色化工作や、朝鮮銀行上海支店の鮮銀券受入を制限するのだが、昭和十六年になって、石原莞爾中将が「遺憾ながら経済戦はまったく立遅れているらしい……原因に就いては、通貨の問題が非常に大きな作用をなしている」と指摘したように、英米の支援を受ける法幣との通貨戦争は苦戦が続いた。

国民経済の領域外に出た貨幣がいかなる運命を辿るかは自ずから明らかであり、華北の鮮銀券はこの頃、「金魚鉢から跳ね出た金魚」とたとえられていたという。武力戦では勝ったが、鮮銀券使用の第一次通貨戦で日本は敗退したということである。

昭和十二年九月、日本政府は閣議で、日本軍の華北での支払いは「河北省銀行券を以て為す」と決定した。河北省金庫取扱いの官立銀行を活用しようということだったが、河北省銀行券も、軍費支弁通貨として増発された分は民衆の間を流通する事なく、ホンの一回りだけで還流してしまい、およそ〝作戦通貨〟として物資調達の用をなさなかった。

## 中国連合準備銀行設立

そこで、二カ月後の昭和十二年十一月二十二日に、日本政府は「華北連合銀行（仮称）設立要綱」を閣議決定し、翌年三月に開業する中国連合準備銀行（以下「連銀」と略称）を設立することにした。

日本軍は十二年末までに、華北五省と上海、南京でほぼ軍事行動を終え、十二月十四日には、河北、山東、山西の三省及び察哈爾省の一部を包含して北京に王克敏を行政委員長とする中華民国臨時政府を発足させた。

この新政府の中央銀行を、できれば華北に支店をもつ中国、交通両銀行などの中国側主要銀行も出資させ、中国側銀行の上に立つ中央銀行として連合の名称を付して設立したいと構想したのである。

すでに関東軍が制圧した察哈爾、綏遠二省と山西省北部の蒙彊地域では、察南、晋北、蒙古連盟の三自治政権が成立し、九月二十七日には察南自治政府の中央銀行として察南銀行が張家口に設立されていた。

三自治政府は十一月二十二日に蒙彊連合委員会を設立し、これに伴って察南銀行も改組され蒙彊銀行として十二月一日に開業した。蒙彊銀行の発行する通貨は満州国幣と等価とされたから、蒙銀券は満州国幣を通じて円に間接にリンクしていた。

翌十三年二月五日に中国連合準備銀行条例が公布された。ちょうどその夜、北京の日本大使館では、中国駐劄財務官として赴任した大野龍太（元・大蔵省特別銀行課長）の歓迎会が開かれ、その席で寺内寿一北支那方面軍司令官は、大野とこんな会話を交した。

「大野さん、日支事変はいったいどっちが勝っているのですか」

「それはまたどういうわけですか。どんどん勝っているようではないですか。あなたのほうは判断できるわけですが」

「いや、そうでない。日本の円と支那の元とを比較すると、日本の円は一二〇円くらいでないと一〇〇元に換えられない。大野さん、ひとつ一〇〇円が一〇〇元に換えられるようにしてもらいたい。明日からそうしてほしい」

「それは無理な注文で、これには種々の理由があることです」

「それはりっぱな理由はありましょうが、とにかく、明日からそうしてほしい」

戦争に勝っているのにどうして円が元より安いのか、というのである。

「そんな、明日からというようなことはお引受けできません」

大野はこう答えたが、軍は連銀の開業日を陸軍記念日の三月十日にしろと要請している。そこで大野は、満鉄理事の阪谷希一や内地から呼び寄せた正金銀行の為替のエキスパートの西山勉などと、寺内大将が提示した鮮銀券と法幣との関係をどう処理するか、ずいぶん頭を悩ました結果、円元パー(日本円と中国元が等価)を強行することに決めた。

しかし、円元パーを採用するには、市場の実勢もそれに見合うように持っていかなくてはならない。このため、法幣の手持ちがあった朝鮮銀行を使って円を買わせ、徐々に円価を高めて、三月二日に九一・三五元の安値をつけていた鮮銀券を、三月九日にはパーに持っていった。

翌十日、連銀が北京に総行を、天津に分行をおいて開業した。総裁には中国銀行満州総経理の汪時璟(おうじけい)が就任し、日本側は満州国の幣制改革に功績があった阪谷希一を顧問に送り込んだ。翌十一日、臨時政府は、〝円元パー〟を宣言した。

### 進まぬ発行準備の集中

連銀の資本金五〇〇〇万円のうち当初払込分二五〇〇万円は、中国側主要銀行と臨時政府が折半して負担した。

国民政府は、昭和十年十一月の幣制改革の際に「発行準備管理委員会章程」を公布して、中国全土の銀準備を上海の発行準備管理委員会に集中することにした。しかし、華北では関東軍が長城（ちょうじょう）線に兵力を集結して現銀の南送を牽制し、加えて各地で反対があったため、十一月十八日になって、この章程を「適宜主要開市場に分会を設置す」と改め、華北の現銀は華北で保管することにした。

その後、華北では、政府系三銀行以外の紙幣の整理が進捗して現銀は政府系銀行に集中され、昭和十二年七月現在の天津の現銀保管高は、交通銀行一八七一万元、中国銀行一六六〇万元、中央銀行一八万元、河北省銀行四六七万元の合計四〇一七万元に達していた。

他に北京大使館区域内に保管されている分を加えると、中国側銀行が華北で保有する現銀の総額は五六五七万元程度だった（なお、国民政府が昭和十二年七月までに回収した現銀は、金融機関から二億二五〇〇万元、一般から三億元の合計五億二五〇〇万元という）。

もし、連銀にこの現銀が集中され、中国、交通両銀行が資本参加すれば、華北の金融独立に展望が開けてくる。しかし、臨時政府首班で元中国銀行総裁でもあった王克敏から新銀行への参加を慫慂された中国、交通両銀行の天津支店長は、本店と打合せのためと称して香港に逃げて出資に応じなかった。

やむなく臨時政府は、昭和十二年二月六日に、国民政府発行準備管理委員会天津分会を一方的に廃止し、代わりに京津両市現銀保管委員会を設置して現銀を管理することにした。

といっても、天津の英仏租界と北京の大使館区域内にある現銀は、強制接受も出来ないので、『中国連合準備銀行五年史』の表現によると、「其の保管場所は従前通り各銀行の金庫を利用したので、事実上各銀行が保管する事には変りがなかった。政府は同委員会に命じ本行の株主たるべき八銀行(中国、交通、河北省、金城、塩業、大陸、中南、冀東)の為めに該現銀千二百五十万円を本行株式の払込金として立替払込ましめた」。この現銀を連銀が実際に手に入れるのは、太平洋戦争勃発とともに日本軍が天津租界や北京の銀行を接収したときになる。

また、臨時政府の出資分一二五〇万円は、全額日本側銀行からの借款で賄うことにして、朝鮮銀行、日本興業銀行、正金銀行から各三〇〇万円、それに日本政府が国庫保有銀三五〇万円を朝鮮銀行に指定預金して、これを朝鮮銀行から臨時政府に貸し付けた。

連銀はこの三五〇万円の現銀に加えて、正金銀行、朝鮮銀行、満州中央銀行の三銀行が国民政府の引渡要求を拒否して天津や青島に保有していた現銀七二〇万円を買い入れたので、合わせて一〇七〇万円の現銀を手に入れた。この現銀は、朝鮮銀行に全額通知預金として預託された。

次に、発行準備については、連銀は「紙幣発行高の百分の四十以上に相当する金銀塊、外国通貨または外国通貨に依る預け金を保有する」規定になっていた。華北にある中国側銀行の現銀は五七〇〇万円、これに日本側から提供された一〇七〇万円の現銀を加えると、これだけで一億七〇〇〇万円程度の連銀券を発行できることになる。

また、事変前に華北で流通していた通貨は、法幣三億元余、その他内外各種通貨合せて四億元余と見られた。日本側は、この法幣を回収して外貨準備を取りつけることで法幣の基礎を崩し、同時に連銀券の発行準備に充当しようと企図した。

もしこれが実現すれば、現銀と外貨だけの発行準備で九億円ほどの連銀券を発行できることになり、国民政府にとって大変な脅威になったはずだが、現実には国民政府が連銀開業直後の三月十四日に外貨取付けを恐れて外貨割当制を採用したことに加えて、連銀券による法幣の回収が不振を極めたため、発行準備の充実は思うように進展しなかった。

## 朝鮮銀行と連銀の預け合契約

連銀開業直後の三月二十五日、寺内司令官は連銀券使用命令を出し、さらに昭和十三年九月十三日に「軍は北支通貨統一政策を助長促進し、帝国金融政策の実行を容易ならしむるため、つとめて鮮銀券の使用を節し、軍費支払をもっぱら中国連合準備銀行券により統一する方針なり」と軍通牒を発した。

「菊の御紋章のついた札を中国で流通させないとは何事だ」

それでも、興亜院政務部長の鈴木貞一（ていいち）陸軍少将などはこういって、鮮銀券などの日系通貨を回収するのに反対したという。しかし、軍通牒が出たことにより、日本軍の占拠地点を中心に華北全域にわたり十三年六月末で六五〇〇万円ほど流通している鮮銀券は、急速に回収されることになったが、この回収資金をどうするか、さらに今後の軍費支払いに当てる連銀券をいかに調達するか、日本側は知恵を絞った。

中国連合準備銀行券　1円

昭和十三年六月十六日、朝鮮銀行北京支店は連銀と「預け合契約」を締結した（連銀開業の三月十日に遡及して実施）。「預け合」というのは、朝鮮銀行北京支店と連銀がそれぞれ相手の銀行に預金口座をつくり、日本側が軍事費などの支出に連銀券が必要になったら、朝鮮銀行北京支店にある連銀の日本円預金勘定に貸記すれば、連銀もこれと同金額を自行にある朝鮮銀行の連銀券預金口座に貸記することで、連銀券を随時簡単に引き出

図表2　軍事費送金ルート

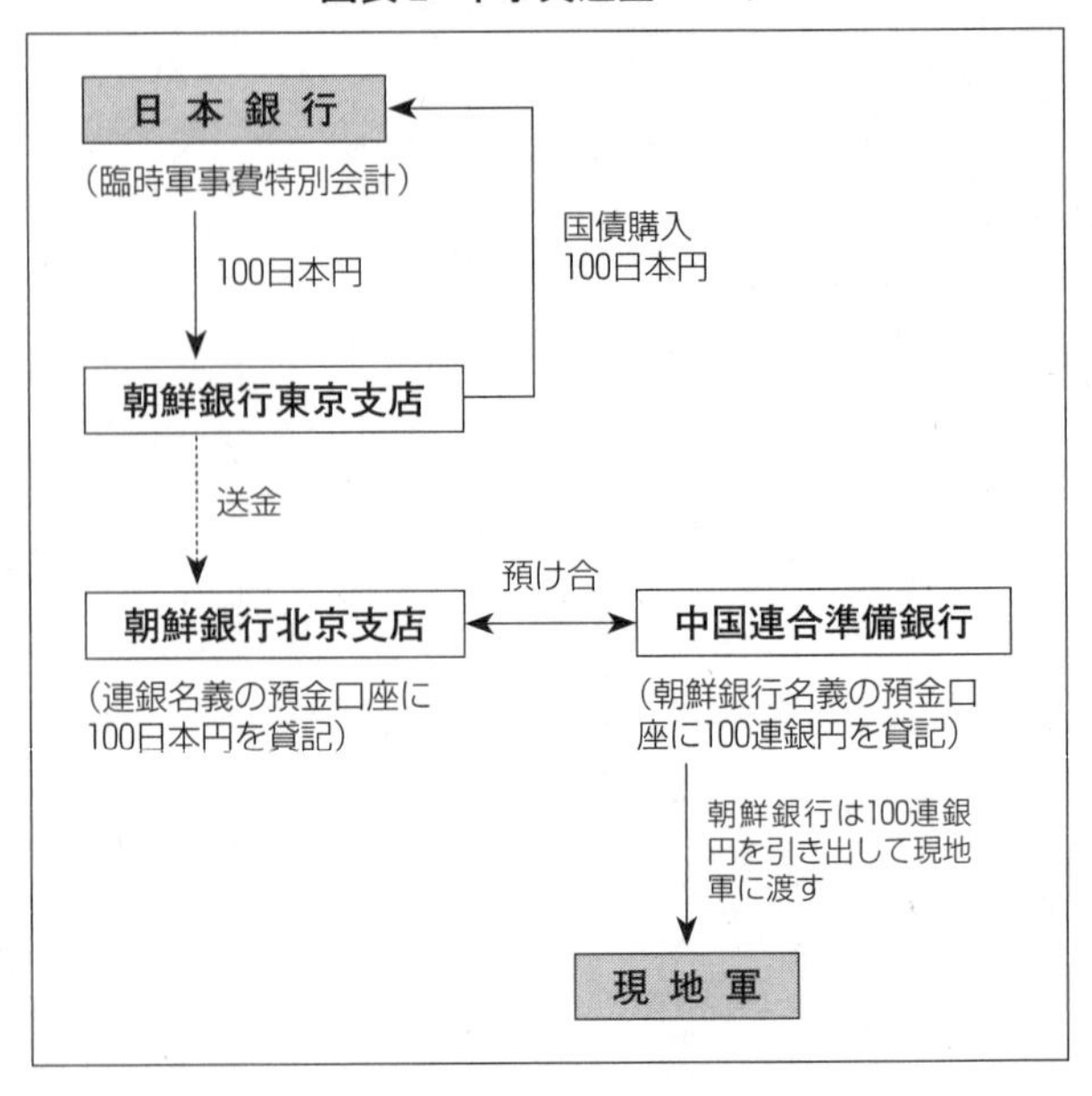

す仕組みである。(図表2)

貸記する――要するに、お互いの預金口座に同金額を記入するだけで実際に現金が動くわけではないから、〝架空預金〟である。

そして、華北での軍事費の支払いは、日本側通貨の鮮銀券をやめて連銀券に統一したから、連銀にある朝鮮銀行の預金口座から預金(連銀券)が一方的に引き出されるだけで、朝鮮銀行にある連銀の預金口座からの引き出しは禁止された。

日本軍の軍費支出なのに、華北では日本円をまったく使用しないで済むという巧みな方法であるが、このため連銀券は増発の一途を辿り、昭和二十年八月の終戦時には八五〇億円になった。

これと同じ預け合契約を、日本は華中でも昭和十五年に南京に汪兆銘の国民政府が樹立されてその中央銀行として中央儲備(ちょび)銀行が発足すると、正金銀行と儲備銀との間で結び、終戦時の儲備券の発行高は二兆二七〇〇億元に達した(一〇〇元=一八日本円)。

同じ終戦時の朝鮮銀行と正金銀行の預け合残高は、華北で四四一億円、華中で一兆五七〇〇億元であり、華北では連銀券発行高の半分、華中では儲備券発行高の四分の三に達した。これで、日本側は戦費や占領地の経営費用を賄ったわけである。

## 営業の中心が中国に移る

しかし、この預け合によって発行される連銀券や儲備券は、〝架空預金〟を発行準備とするのだから、大変容易な発行制度である。

このころの日本銀行の発券制度は、昭和六（一九三一）年に金本位制が停止され、翌年に保証発行限度が大幅に拡大されてから金や外貨による制約は後退し、昭和十七（一九四二）年に新たに日本銀行法が制定されると、兌換銀行券と呼ばずに単に日本銀行券という名称に変わって、金や外貨との兌換義務はまったく外された。

この日銀券を鮮銀券は発行準備とし、さらに朝鮮銀行の別動隊として華北に連銀が設立されて、朝鮮銀行への架空預金を発行準備に連銀券という〝軍票〟を発行させる体制がつくりあげられたのだが、これが「通貨制度の根本を紊し、ひいては統制の出来ないインフレの原因となる」（朝鮮銀行横瀬守雄理事）のは、火を見るより明らかなことだった。

この「預け合」が朝鮮銀行の営業に及ぼした影響は、大きかった。朝鮮銀行の中国店舗は、大正六年十月開業の青島支店と翌年開業の上海、天津支店だけだった。昭和十二年一月になって、華北金融分離工作を念頭においた店舗展開が始まり、天津中街出張所と北京支店が開業した。日中戦争が始まると、朝鮮銀行の華北店舗の大増設が続き、この当時に青島支店の支配人だった井口俊彦はこういう。

「支那事変勃発するや当行券は軍票代用に使用せられ、当行員は軍に従って第一線に出動し軍の出納事務を助けることに依り支店網が張らるゝべき因が作られた。当時当行員は非戦闘員でありながら軍に従い硝煙弾雨の中をくぐり苦難を続け、軍が駐屯するや又其処に駐在して其の預金送金等を取扱い、やがて日本人の来往するや店舗を構えて一般の預金送金等を取扱うに至り次第に拡大せられ来ったものであるが、他面各地駐屯部隊の要望に答えて利益を無視して設置した店舗の数も幾多あり」

朝鮮銀行の中国での出店は、昭和十二年十一月、石家荘（昭和十五年十二月に石門と改称）、十三年上期、済南、太原、彰徳、上海方面軍通（昭和十四年二月中心区と改称）、十三年下期、無錫、十四年上期、保定、運城、臨汾、新郷と急ピッチで続けられ、十六年末には二五店と全店舗のちょうど半分を中国店舗が占めて、朝鮮銀行の営業の中心は中国に移った。

連銀と朝鮮銀行の預け合契約は、昭和十六年の第三次契約で、日歩七厘の低利限度を一億円とし、限度を超える分は日歩九厘五毛の預金利率になった。

低利限度を一億円としたのは、昭和十三年九月に鮮銀券の華北での新規発行を停止したときの流通高を一億円とし（実際は六五〇〇万円ほど）、これをコール（金融機関相互の資金の短期貸借）で調達する金利が七厘だったからである。

また限度外について朝鮮銀行は、「すべて日本国債に通抜け勘定として投資する建前を採ること……将来当行に於ける連銀の協定預金回収さるゝ場合、当行保有の国債を適正価格にて連銀に引取らしむること」としていた。

要するに朝鮮銀行が間に入っているが、連銀券の最終的な発行準備は日本国債ということであり、これもあって連銀は日本銀行との直接取引を要望したが、日本側は応じなかった。

後述のように、「連銀の協定預金回収さるゝ場合」――終戦の際に朝鮮銀行は金を連銀券建てで売却して預金債務を返済したので、国債は朝鮮銀行にそのまま残った。なお国債の最終利回りは日歩九厘七毛だったから限度外について二毛の利鞘が朝鮮銀行に入った。

## 日銀代理店となる中国の支店

華北の前線で支出される軍事費は、事変当初は、臨時軍事費特別会計から日本銀行代理店である正金銀行華北支店に振込まれて、現地で鮮銀券が払出されることになっていた。しかし、正金銀行を経由することで、「軍の前進に伴い第一線部隊と現在の日本銀行代理店との距離は次第に遠隔となり、加うるに交通の不整、兵団の移動等により各兵団は軍資金の受領に頗る不便を」来す事態になった。

そこで、現地軍の上申により陸軍省、大蔵省、日銀が調整した結果、朝鮮銀行にも華北の日銀代理店として国庫業務を担当させることになり、昭和十三年一月一日に石家荘派出所が日銀代理店に指定されるとともに東京支店が預金店となった。

代理店は済南、太原と拡大し、三月に連銀が開業して、九月以降は華北での軍費の支払通貨が連銀券に統一されると、臨時軍事費の支払事務は、連銀と預け合契約を結んでいる朝鮮銀行が、東京支店の傘下に在華北国庫業務取扱店を編成し、支払の勅裁を得た軍事費は東京支店が受入れて朝鮮銀行在華北店舗へ送金した。

現地軍はこれを各地の日銀代理店である朝鮮銀行の店舗に配布し、個別費途が決まれば、朝鮮銀行の各店舗が預け合により連銀預け金を積み上げて所要連銀券を調達して現地軍に供給するという手続きで行われることになった。

日本円勘定で振込まれる華北の軍事費は連銀券で支出されるから、朝鮮銀行には円資金がそのまま累積する。

朝鮮銀行東京支店を通じる臨軍費の国庫送金は、華北向けのほかに朝鮮と関東州向けがあり、これは朝鮮と関東州での鮮銀券の増発になるので、朝鮮銀行は日銀から受入れた円資金で国債を購入して増発分の発行準備に当てた。

しかし、連銀券で支払われる華北向け国庫送金については、そのまま朝鮮銀行東京支店の余裕金となり、自主的に国債の購入などに当てられた。

どちらの場合も、軍事費として朝鮮銀行東京支店に振込まれた円資金は、国債購入に当てられて国庫に戻るから、国庫負担はゼロになる。

## 〝紙でやる戦争〟の仕組み

大陸と国境を接する鮮銀券は、日銀券を守る障壁として誕生した。そして日中戦争が始まると戦地の華北に鮮銀券の〝別動隊〟として連銀券を流通させることで、軍事支出される日銀券をそっくり国庫に還流させることができるようになった。

「岡崎君、戦争は紙でするものだよ」

太平洋戦争も日本の敗色が濃厚になった昭和十八年七月、上海大使館の岡崎嘉平太(かへいた)・総務部長は、石渡(いしわた)荘太郎・南京政府経済最高顧問(昭和十九年二月に蔵相就任)からこういわれたという。

軍事費の支払いや物資の蒐集(しゅうしゅう)は、紙、つまり紙幣でするものであって、金塊などは使うなということであるが、連銀との預け合が成立したことで、〝紙でやる戦争〟の仕組みができあがったのである。

朝鮮銀行の国庫送金による連銀券調達と国債の増加を見ると、たとえば、昭和十七(一九四二)年四月から一年間に朝鮮銀行が連銀から調達した連銀券は、四億二八〇〇万円だった。一方、国債の増加は四億八五〇〇万円で、朝鮮での預金増加による国債購入五七〇〇万円を差引くと、連銀券調達額に見合っている。

また、連銀券の増発要因を、昭和十七年三月からの一年間に朝鮮銀行が連銀から調達した連銀券三億三九〇〇万円について見ると、プラス要因は朝鮮銀行の華北店の対内地資金受入超過三億五六〇〇万円と貸出増一億九七〇〇万円である。

一方、マイナス要因は華北店の対その他地域払出超過二七〇〇万円と預金増二億二〇〇万円であり、差引三億二四〇〇万円となっており（未達勘定などによる誤差一五〇〇万円）、国庫送金を含む内地からの華北への資金流入が、そっくり連銀券の増発になっている。

この華北店の貸出は、もちろん預け合によって調達した連銀券で行われ、貸出相手は主に日本企業である。

国際情勢の悪化とともに戦力増強、生産力拡充が急がれ、華北などへ日本企業が進出したが、政府は外国為替管理法のもとで、資本の外地流出には厳格な許可制をとっていた。

そこで朝鮮銀行は預け合を活用することにして、「日本の商社が空手にて外地へ進出し、現地当行支店よりその必要資金を信用にて借り入れ、見返り担保として、借入金相当額の預金を内地当行支店に提供するという方法をとった」。

これも預け合の効果で、朝鮮銀行としては、連銀の資金を貸し出すと自行の円預金が増えることになるから、資金繰りと収益に大きく貢献することになった。

なお、朝鮮銀行の総裁は、昭和十二年十二月に加藤敬三郎が二期目の任期満了によって辞任し、後任には第一銀行からの生え抜きで満州興業銀行副総裁に転出していた松原純一が戻って七代目総裁に就任した。

松原は、統率力と鋭い判断力に加えて行務に精通すること行内随一で、〝我らの総裁〟と慕われたこの松原のもとで、朝鮮銀行は満州で失った業域を中国で補って業容を拡大した。

# 第十章　太平洋戦争下の朝鮮銀行

## 敵性銀行を接収

華北では、すでに昭和十六年初めに支那派遣軍が、英米との武力衝突発生の時、またはアメリカの欧州戦参戦の時を想定して、「在北支英米系ならびにその勢力下にある権益の業務ならびに資産をわが軍の管理に付し、これらの敵性活動を排除する」という方針を決めていた。

また華中でも、「租界は吾方に於て接収管理し、上海海関の貿易は吾方に於て厳重統制すること……敵国に属する金融機関……重慶側四銀行は之を占拠し一切の物件を差押えること、新法幣は直に旧法幣より切離し軍票に一定割合を以てリンクする」と興亜院経済部は十一月に決定していた。

北京、天津、青島、上海などにあるこれらの〝敵性銀行〟の接収は、正金銀行、満州中銀、台湾銀行などの行員も分担することになり、朝鮮銀行も、十一月十九日に〝極秘裏〟に京城総裁席や現地各店から二一名を、北京、天津、青島、上海および済南へ急派した。

十二月八日、日本軍は武力発動とともに、華北の天津租界および北京、青島、煙台、威海衛(かいえい)にあった香上(ホンシャン)、ナショナル・シチー以下の外国銀行とその代理店一五店を接収し、また重慶政府系銀行である中央、中国、交通三行の支店も、それまで協力的だった中国、交通両行の北京支店などを除いて、一斉に接収した。

連銀設立以来の課題だった天津租界と北京大使館区域内の現銀五二五三万元余もようやく日本側の手に入ったので、うち一二五〇万元は連銀の資本金として払い込み、残りは華北政務委員会に引きついで連銀で保管することにした。

十二月十一日には「金融機関取締規則」が公布されて、華北にある中国側銀行や銀号は、すべて連銀の統制下におかれることになった。中国、交通両銀行の華北店も、北京と唐山を除いて一旦は閉鎖されたが、昭和十七年二月に連銀管理のもとに両行の天津と済南の店舗が営業を再開し、同年十一月には華北政務委員会と連銀の折半出資によって華北における独立した普通銀行に改組された。

華中でも、開戦とともに陸海軍の手により〝敵性銀行〟のすべての権益を接収して、軍管理の下に置いた。

日本軍が上海租界で接収した敵国銀行および重慶系銀行が所有していた旧法幣は、一一億二〇〇〇万元にのぼり（香上銀行二億四五〇〇万元、チャータード・バンク九四〇〇万元、ナショナル・シチー・バンク一億二八〇〇万元、チェイス・バンク一〇〇〇万元など）、うち英米系銀行保有の法幣安定委員会所属分四億七六〇〇万元は、「敵産として我方に没収し得ること明（あきらか）なりしを以て、之を押収して軍管理下に移し」、正金上海支店に預託して軍需物資買付のために現地軍が使用することにした。

また、華中でも中央、農民両行支店は「敵性顕著」なりとして閉鎖されたが、中国、交通両行支店は重慶政府と縁を切って改組されることになり、いずれも儲備銀行が資本参加して昭和十七年九月に営業を再開した。

昭和十七年六月には、上海や南京などで重慶政府の旧法幣と儲備券との全面交換が開始された。「旧幣使用禁止弁法」も公布され、回収された一六億二〇〇〇万元の旧法幣は物資買付けのために再び放出された。昭和十二年十月以来発行されてきた軍票も、十八年四月一日に香港と海南島を除いて新規発行が停止されて、儲備券一色化工作が進められた。

また、新たに戦域に入った南方では、現地通貨表示の軍票が使用され、昭和十七年四月一日には南方開発金庫が営業を始めた。業務地域は、南方占領地域のうちで軍票が流通しているマレー半島、フィリピン、ビルマ、ボルネオ、蘭印、ニューギニアなどに限られ、タイ、仏印、南洋群島は除外された。

中央儲備銀行券100円(人物は孫文)

南方開発金庫は、開業一年後の昭和十八年四月から各地区の現地通貨表示の南方開発金庫券を発行し、現地日本軍の軍費支払のために南発券を供給した。

これにより、太平洋戦争下の占領地の通貨の供給は、正金銀行、朝鮮銀行、南方開発金庫の三行が担うことになり、終戦までの軍費支払のための南発券の供給額は一一一億円、また終戦時の南発券発行高は一八〇億円に達する。

## インフレによる中国勘定の膨脹

朝鮮銀行では、開戦とともに行員の応召者が増えて昭和十六年末の一四六名から二十年三月末には七二六名に達した。入営行員には本俸の三分の一を支給し、また行員の不足は嘱託および女子、傭員の採用で補ったが、中国の一部店舗では所長以外は中国人嘱託と傭員、それに女子だけで営業するところが出た。

中国の店舗は、昭和十九年八月に許昌(きょしょう)、洛陽、済南西の三出張所が開業して最大の三九店になった。これにより朝鮮銀行の総店舗数は開戦時の五〇店から十九年九月には六八店に達し、入営者を含む職員総数は、十六年末の二四二四名から二十年三月末には、三六三七名と五割増になった。職員数はその後も増加して、終戦時には三九二六名に達しており、うち中国人は七六一名、朝鮮人は六三三名だった。

朝鮮銀行の地域別預金勘定を見ると、中国は昭和十三年六月期に朝鮮を抜いて一番になって以来急増を続けて、二十年三月には、なんと全預金一七六億円の九三パーセントを中国が占めている。

また中国の預金のちょうど五割は連銀からであり、他に連銀からの借入が六二億円あるから、朝鮮銀行の預金と借入に占める連銀の割合は六割を上回っていたのだが、中国の勘定がこんなに膨らんだのは、現地の猛烈なインフレによるものだった。

各地の卸売物価を比較すると、昭和十一年に比べて北京は二十年八月の終戦時に八九四倍に、上海は十九年末に一〇〇〇倍を超えており、この間、東京や京城の物価上昇は二・五倍程度に止まっていた。本来ならば、これほど物価の上昇率に差があれば、通貨の換算率を大幅に変更して調節する必要がある。

華北の連銀券は、円元パー、つまり日本円と等価でスタートした。また華中の儲備券は、昭和十七年五月から一〇〇元＝一八円の換算率を採用した。

しかし、占領地の激しい物価騰貴によって、たとえば金塊相場で算出した連銀券一〇〇円の対日本円相場は、昭和十六年末　四一円、十九年末　一円三銭、二十年八月十日　四銭と暴落し、同じく儲備券一〇〇元の相場も十八年末　二円八銭、二十年八月十日　一厘と、まさに〝紙屑化〟していた。

昭和二十年の春、天津支店の生駒盛芳支配人代理は、「いま中国人の間では小額紙幣を焚き付けに使っている」と聞いた。新聞紙一枚より一角（一〇銭）、二角の連銀券の方が安上がりで効率的だったからというが、まもなく一円券どころか一〇円券すら〝失業〟して、支店の金庫は小額券で溢れた。

しかし、日本政府は、「当面支那民心把握の見地より比価の堅持を主とする」――つまり「帝国の支那経済に対する支援協力に疑念を抱かしむる結果、支那官民の対日協力の消極化乃至(ないし)対日離反の傾向増大すべく……絶対に対日為替換算率の切下げは行わざるものとす」という方針を固持しつづけた。

確かにこれほどのインフレ、たとえば儲備券の相場は昭和二十年に入って毎月半分に下落しており、これに見合って儲備券の換算率を毎月半分に切下げることなど不可能なことだったが、換算率を据え置いたことによって、朝鮮銀行の勘定に占める中国店の割合が異常に膨らむことになったのである。

## 水膨れする業績

朝鮮銀行華北店の預金を実質日本円相場に換算すると（図表3）、実質預金は、昭和十七年は前年比三八パーセントの伸び率になったが、以後は減少に転じて、十八年は三七パーセント、十九年七三パーセント、二十年七月まで七二パーセントもの大幅減になっている。華北店の預金は三年七カ月の間に、名目では三八五倍に激増したのに、実質額では一五分の一に目減りした計算になる。

朝鮮銀行の業績は、表向きは華北での連銀との預け合により急拡大したが、これは華北のインフレによって水膨れしただけで、この中国の預金を実質相場に直した朝鮮銀行の全預金残高は、昭和十六年末九億九三〇〇万円から十九年末一一億六三〇〇万円と三年間で

**図表3　朝鮮銀行華北店預金と実質高**　（単位：百万円）

| | 昭和16年末 | 17年末 | 18年末 | 19年末 | 20年7月末 |
|---|---|---|---|---|---|
| 預金高 | 1,060 | 1,615 | 3,336 | 9,729 | 40,837 |
| 連銀券100円の日本円相場(円) | 41.00 | 37.14 | 11.34 | 1.03 | 0.07 |
| 実質預金高 | 434 | 599 | 378 | 100 | 28 |

注1　預金高は、一般、連銀、国庫の合計
2　連銀券の日本円相場は、『昭和財政史――終戦から講和まで』第17巻　資料(1)、267頁による

わずかに一七パーセント増加したにすぎない。

同じ理由で、貸出も中国店の勘定が急増した。日本政府は、現地の物価騰貴によって軍事費が膨脹するのを避けるため、昭和十八年四月からそれまで臨軍費特別会計の公債発行によって賄ってきた現地軍事費を、華北と蒙疆では朝鮮銀行から連銀券を、華中華南では正金銀行から儲備券を借入れて賄うことに変更した。

朝鮮銀行のこの政府貸上げは、昭和二十年三月には五一億三〇〇〇万円に達して、本部勘定に計上されているが、北京支店分と見るべきものである。これを合算すると、中国支店の貸出は全貸出の八九パーセントに達していた。

大口先は、政府貸上げのほかに、北支那開発六八億円、華北油料一三億円などで、『朝鮮銀行略史』はこれについて、「華北各店貸出金残高が急増したのは、物価の暴騰を反映していると共に、戦争末期に北支那開発株式会社をはじめ各国策会社等からの尨大な資金

需要を通り抜け勘定で朝鮮銀行北京支店経由中国連合準備銀行が放出したことによる」と解説しているが、すべてが異常、末期現象である。

## 敗戦の影

朝鮮銀行の君島一郎副総裁は、昭和十七年三月に赤坂の料亭に懇意の海軍軍人四名を招待した。なかに桐野義隆という、西南戦争で西郷軍の総指揮長として城山で戦死した桐野利秋（としあき）の孫で、「まさに快男児、頭の切れること利秋の剣のように犀利（さいり）」な少佐がいた。

シンガポールが陥落し、ジャワ島も占領した直後である。他の将校たちが戦争の先行きについて威勢のいいことをいっていると、桐野は君島の手を黙って取って、掌（てのひら）に片仮名で「マ・ケ・イ・ク・サ」と書いた。そして、あとで桐野は君島に、重要資源や生産力などの日米の懸絶する国力の差を詳細に説明したという。

昭和十八年末になって君島は、「京城の南大門通りにある図書館から英語の会話や辞書の類いがしきりに盗まれる」と報告を受けた。そして年が明けると、京城の海軍武官府に駐在する将校の数が目だって増え、朝鮮人の間で「日本の軍艦が沈められて海軍軍人は陸に上がったんだ」という噂がひそかに流れ出したと耳にした。

また昭和二十年三月、天津支店に支配人代理として赴任途中の生駒盛芳は、大連で満鉄総裁室顧問の鎌田弥助からこんな話を聞いた。

東京外国語学校清語科を卒業し、日露戦争ではラマ僧に変装して熱河省平泉関岳廟に陳玉山と名乗って住み込んで特殊任務に当ったという鎌田は、中国語に精通しており、生駒の叔父である。

「最近大連の中国人の間に、没大意思という妙な挨拶が、合い言葉のように交わされている。大した事はありません、ヨボヨボ位の意味だが、どうもそんな軽い意味でなく、美打日死――米国打てば日本死す――に通じるようだ」

大本営発表に惑わされる日本人より、朝鮮人や中国人のほうがすでに戦争の行方を敏感にキャッチしていた。

### 増える発行高と利益

鮮銀券の発行高は、昭和十八年後半から急増に転じて、十月に一〇億円を超えると、十九年八月二〇億円、同十二月三一億円とピッチを上げた。二十年八月十四日の終戦前日には四八億三九三一万円を記録し、わずか一年の間に二八億円もの増発になった（終戦の八月十五日から閉鎖日の九月三十日までの一カ月半の増発は三八億四〇〇〇万円に達したが、これは次章で述べる）。

銀行券発行による利益も増発によって大幅に増え、朝鮮銀行の利益総額に占める発行利益の割合は、昭和十五年の二五パーセントから、二十年三月期には六五パーセントに達した。これは、十八年上期から正貨準備である日銀預け金を国債でも可とされたことによって無利息資金である保証発行高が急増し、二十年三月期には総発行高の九八・八パーセントに達したことが寄与している。

利益が順調に増えたので、大正時代から続いた不良債権の償却は昭和十六年で終了した。朝鮮銀行では昭和十四年から毎年七〇〇万円ほどを不公表とし、不良債権と有価証券の償却を十四年一三〇〇万円、十五年一八〇〇万円、十六年一九〇〇万円ほど実施した。当時の税法では、償却によって有価証券の帳簿価格を時価の九掛けまで引き下げることが認められており、二十年三月末の国債勘定三〇億円の時価に対する含み益は、一億二六〇〇万円に達した。

朝鮮銀行が、大正十四年に半額減資を含む本格整理に着手したときの欠損見込み額は一億三七〇〇万円で、これの償却に十六年を要した。しかしわずか四年後にはそれに近い含み益を国債勘定だけで持ったことになる。

不公表利益はその後も増え続け、十九年度には二八〇〇万円と公表利益一六〇〇万円を大幅に上回った。

### 鮮銀券の増発要因

次に増発要因に移る。朝鮮銀行の決算は昭和二十年三月期が行われただけで、諸勘定を収録した「諸計算書」も十九年分二冊を欠いているが、残存する資料をつなぎ合わせて試算すると図表4のようになる。

鮮銀券の昭和十八年十月から二十年八月十四日までの朝鮮と関東州での増発額は、内地と満州の回収二六〇〇万円、中国の増発三〇〇〇万円を加減すると、三八億三九〇〇万円だった。この増発要因をみると、内地と朝鮮、内地と関東州の為替の払超だけで七七パーセントに達している。内地朝鮮為替は、一般送金、国庫送金、それと取立為替、他店為替尻の払超分である。

朝鮮では重化学工業化政策が推進されており、年間一〇億円ほどの設備投資資金の半額(たとえば昭和十七年度は五二パーセント、五億五〇〇〇万円)は内地で調達して送金された。そのうえ戦争末期には朝鮮の防衛に当たる第十七方面軍の軍費や「永年の統治地域の始末をつけねばならぬ関係上、相当多額の国庫送金が実行せられ、銀行券増発の要因をなした」(星野喜代治副総裁)。

臨時軍事費の朝鮮での支払い実績は、昭和十二年度から十五年度まで合計二億二七〇〇万円、十六年度から三年間毎年二億円台、十九年度六億五〇〇〇万円、二十年四月から六月まで五億四〇〇〇万円、七月二億二〇〇〇万円、八月六億三九〇〇〇万円、九月五億一〇〇〇万円と続いて、総計三〇億円に上っている。

なお、満州国幣(満州中央銀行券)の朝鮮流入は、主として満州国と朝鮮との物価差を利する布帛製品、阿片などの密輸出によるもので、毎年五割以上の増加を続けた。また日銀券の交換受入超価額も、内地よりの繊維製品の買漁りや水産漁獲物の沖売買に基く日銀券の流入によって増え続けた。

朝鮮銀行は、朝鮮と関東州で受け入れた満州国幣の代わり金を内地で受け入れたから、国幣の回収は朝鮮銀行の内地―朝鮮為替の払い超になる。昭和十七年には、鮮銀券増発額二億五〇〇〇万円のうち一億六〇〇〇万円が国幣の回収、三〇〇〇万円が日銀券の回収による増発要因となって問題視されたが、その後は国庫送金の急増により相対的に比重は小さくなっている。

**図表4　朝鮮銀行券増発要因**

昭和18年10月〜20年8月14日　(単位：百万円)

| | |
|---|---|
| 貸出マイナス預金増加 | 236 |
| 内地―朝鮮為替受払差額 | 1,978 |
| 　うち満州国幣回収 | (215) |
| 　〃日銀券回収 | (66) |
| 内地―関東州為替受払差額 | 988 |
| 中国―朝鮮為替受払差額 | 186 |
| その他の要因 | 310 |
| 8月の要因不明分 | 141 |
| 計 | 3,839 |

注1　計は朝鮮と関東州での増発額
　2　その他の数字は20年7月までの実績

内地―関東州為替もほぼ同様の内容だが、昭和十九年十一月から関東州への国庫送金は京城本店経由になった。また中国―朝鮮為替は、中国からの郷里送金や利潤の送還がふえたものである。

## 軍事費の現地調達

臨時軍事費については度々触れた。日中戦争が始まった昭和十二年九月十日に特別会計が設置され、終戦の翌年二月末をもって終結するまで八年八カ月にわたるこの特別会計の決算額は、歳入一七三三億円、歳出一五五三億円の巨額に達した。

満州事変の始まりから太平洋戦争終結に至る日本の戦時下の財政の特徴は、軍事的経費のほとんど全部が公債および借入金によって調達され、租税その他の収入は辛うじて政治的経費を賄ってきたにすぎない点にある。

たとえば、昭和十九年度の歳出に占める軍事費の割合は七八・七パーセント、歳入に占める公債と借入金の割合は七八・六パーセントに達しており、財政インフレ必至の運営が続けられていた。

ところが――、

「わが国に皇室のおわしますかぎり、いくら紙幣を増発してもインフレにならぬ」

小林順一郎という、フランスから武器を輸入して財をなし、その資金で右翼の黒幕となって三六倶楽部を主宰していた元陸軍大佐は、こう触れ回っていたという。他にも暴論がずいぶん横行し、公債の発行は無限に可能であるという「皇国国債観」を公言する者も目についた。

臨時軍事費の地域別支出状況は、内地が七割前後である（図表5）。内地以外での臨軍

## 図表5 臨時軍事費の地域別支払実績と戦費総額

（単位：億円）

| 年度 | 臨軍費支払額 | 支払地（%） | | | 戦費総額 |
|---|---|---|---|---|---|
| | | 内地 | 中国 | 朝鮮 | |
| 昭和12 | 20 | 81.3 | 11.2 | 2.5 | 34 |
| 13 | 47 | 65.0 | 12.5 | 1.4 | 61 |
| 14 | 48 | 74.3 | 15.2 | 1.4 | 67 |
| 15 | 57 | 77.6 | 13.5 | 0.7 | 82 |
| 16 | 94 | 69.2 | 11.2 | 2.3 | 132 |
| 17 | 187 | 75.1 | 8.1 | 1.3 | 198 |
| 18 | 298 | 67.1 | 14.4 | 0.8 | 326 |
| 19 | 734 | 40.9 | 37.9 | 0.8 | 774 |
| 20 | 64 | | | | 5,463＊ |
| 21 | — | | | | 252 |
| 22 | — | | | | 165 |
| 計 | 1,553 | | | | 7,558 |

注1 『昭和財政史第4巻 臨時軍事費』216頁より作成
2 億円以下切捨て
3 ＊には外資金庫による放出5,246億円を含む

費の支出には、朝鮮、台湾、満州を含めてそれぞれ現地通貨が用いられたから、その分だけ日銀券の増発は抑えられた。

中国での支出は大体一割台で推移したが、現地のインフレにより昭和十九年度は予算が急増して三八パーセントを占めている。十八年度から臨軍費の調達を現地通貨の借入に変更し、十八年度は連銀券九億円、儲備券二七億円、十九年度は連銀券四二億円、儲備券一七九億円が、それぞれ朝鮮銀行と正金銀行から貸上げられたことによるものである。

したがって朝鮮銀行は、十八年度は臨軍費総額の三・一パーセント、十九年度は五・七パーセントを預け合によって連銀から調達したことになる。

臨軍費特別会計一五五三億円を含む日中、太平洋戦争を通じる戦費総額について、大蔵省財政史室編纂『昭和財政史　第四巻　臨時軍事費』では、七五五八億円と試算している。ただし、このうち七割近い五二四六億円は、昭和二十年に外資金庫が連銀券、儲備券、南発券で支出したものである（借入ベースで連銀券六一六億円、儲備券四五〇五億円、南発券一九一億円）。現地の猛烈なインフレによって〝紙屑〟と化した通貨での支払いを公定レートでそのまま戦費に加算するのは無意味なので、とりあえず戦費総額からこれを除いた二三一二億円について見れば、昭和十二年度からの中国での臨軍費の支払総額三八〇億円、すなわち戦費総額の一六・四パーセントが、連銀と儲備銀から預け合によって調達されたことになる。

なお、外資金庫は、占領地のインフレによる戦費の膨脹に対処するため昭和二十年三月一日に開業しており、これによって「今後儲備券（連銀券）物価が暴騰するも軍事費予算は現在以上に増加することなく而も現地に於ては適正価格に依る支出を厭うことなく物価騰貴に依る予算増額と同様の支出を行う」（支那派遣軍経理部「軍事費上の価格差現地調整要領」）ことにしたものである。

具体的には、臨軍費予算を一とした価格調整率を、陸軍一九、海軍九に設定し、この分は現地通貨を借入れて臨軍費予算に上乗せして支出した。調整率は、四月には陸海軍ともに一九に一本化し、五月から四九に改訂、七月以降は一二九とめまぐるしく変更したが、現地では物件費が予算の一三〇倍にも達するほどのすさまじいインフレによって経済はすでに破綻していた。

八月一日から十日までに、さらに儲備券は六四九四億元、連銀券は一一七億円も増発されるが、金価格で評価した儲備券と連銀券発行高の実質額は、昭和十九年十二月末を一〇〇とすると、二十年三月末三〇、六月末二五、七月末一七、さらに八月十日にはわずか一四に減少して、結果的には、日本側が七年にわたって累積した預け合による債務を、十数トンの金で清算する状況をつくり出して行く。

## 終戦時に預け合債務を全額返済

昭和二十年七月三十日、大東亜省支那事務局は、「戦局に即応する対支経済施策」を策定し、「既存預け合契約に依る我方債務を時価に依り金を以て償還するものとし……」と、金売却による預け合債務の返済を明示した。

すでに戦後処理を考える段階である。昭和二十年七月までに内地から中国へ現送された金は五〇トン、これから十八年に上海と天津で始めた通貨回収のための金売却、および金による綿糸布の強制買上げ、それに金証券見返分四トンを差し引いても、まだ一五・四トンの金が、正金銀行の上海支店と天津支店（五トン）に残っていた。

八月九日午後十一時五十分、最高戦争指導会議が天皇臨席のもとで開かれ、聖断によってポツダム宣言受諾が決定された。この直後から、金売却による預り金返済のための通貨当局の活躍が始まる。

十日、閣議で「預け合契約に依る我方債務の償還を行う等の為……金条……を必要に応じ時価に依り支那側に引渡すものとす」と決定して現地に電話で準備を指示し、十二日に大東亜省から現地関係各機関に、金条処分による預け合債務その他政府債務の弁済を電報で指令した。

それをうけて、実際の金条売却は、華中では八月十四日から八月三十一日までの間に、九・七トン、売上金額二兆四〇一五億元、ほかに金証券関係四トン、五〇一二億元が実施され、これで八月十四日現在の預け合預り越高一兆五七一二億元を完済し、残額はその後の国庫支出に当てられた。

また、華北でも内地から指示を受けた八月十日時点で金条九六〇〇本（三トン）を金条一本四七五万円で連銀に売却し、十日現在の朝鮮銀行と正金銀行の預り金残高と利息を返済した。

売却価格は、当時の天津の三日間の平均相場によったといい、売却総額四五六億円は、朝鮮銀行の預り金四三五億円、正金銀行の預り金一〇億円の返済に当てられ、残額は、五億円で登録公債を購入し、六億円がその後の国庫支出に当てられた。

こうして、連銀開業直後の昭和十三年六月から七年余りにわたって中国の占領地において、〝或は日本政府の軍費調達機関となり、或は軍経済に深入りして〟朝鮮銀行と正金銀行が累積した預け合債務は弁済された。

「八月十五日終戦の直前、我国は中北支に於ける預け合を金塊を以て完済した。何時の世に将（まさ）に敗れんとする国家が終戦の直前金を以てその軍費を弁済した例があろう」

正金銀行の報告は、こう胸を張る。

しかし、預け合によって儲備銀と連銀が正金銀行と朝鮮銀行に累積した預金口座は、日本円勘定である。たしかに、預け合による債務の返済については、外貨約款はもちろんのこと、金約款もついていない。

だから、現地で金塊を処分して「借入通貨で返済」することにすれば、同じ量の金塊で昭和十九年一月に比べて二十年八月十日には一〇〇〇倍以上の儲備券を獲得できた。敗戦を目前にして、占領地に設立されたこの日系両銀行の通貨が〝紙屑〟と化しつつある時に、一〇〇元＝一八円などの実態と全くかけ離れてしまった交換レートで弁済して辻褄(つじつま)を合わせたということである。

預け合は、終戦後も引揚げ費用などの国庫支出のために新たに追加発生しており、華中で一九八二億円、華北で二一五億円に達した。これに終戦の際に金塊処分によって清算した預り金――華中一兆五七一二億元(円換算二八二八億円)、華北四四五億円を加えると、華中と華北での預け合預り越残は、総額で五四七〇億円ということになる(なお、国民政府によって連銀券一六〇〇億余円は一九四六年六月までに五円＝法幣一元、儲備券は二〇〇元＝法幣一元の割合で回収整理された)。

## 〝大陸に渡った円〟の終焉

思い起こせば、明治三十二年に台湾銀行が設立されて台湾で銀行券を発行し、同三十五年には第一銀行が韓国で一覧払手形(銀行券)を発行して、日本〝円〟は大陸に渡った。以来四十余年、円は、ドルやポンドを後ろ盾とする中国〝元〟と角逐(かくちく)を続けながら、大陸で流通圏を拡大し、終戦時には、満州、華北から華南、東アジア一帯で、総額五三〇〇億円の円系通貨が発行されていた（日銀券三〇三億円を含まず）。台銀券一四億円、鮮銀券五〇億円、満州国幣八二億円、連銀券八四九億円、蒙銀券二八億円、儲備券二兆二七七二億元（日本円換算四〇九九億円）、南発券一八二億円……、これらは、敗戦とともにほとんど反古と化して、華北と華中では僅か十数トンの金の価値にまで下落した。それが、「大陸に渡った円」の終焉であった。

蒙彊銀行券100円

終戦時の日本の在外財産は、大蔵省在外財産調査会の調べによると、三七九四億円だった。南朝鮮では、進駐した米軍が九月七日に「住民の所有権はこれを尊重す」と布告し、住民には日本人も含まれると声明した。

ところが、九月二十五日には一転して、日本の財産を〝敵産〟に指定して、国公財産は処分禁止、日本人財産の売買は特定の手続きによると定めた。

さらに十二月六日に、米軍政庁は「朝鮮内にある日本人財産取得に関する件」を公布して、日本の全財産は「九月二十五日付をもって朝鮮軍政府が取得」し、それ以降になされた売買はいっさい無効とした。米軍政庁が接収したこの日本財産は、韓国政府の成立後、昭和二十三年九月に韓国政府に移譲される。

朝鮮に残された日本財産は、在外財産調査会の調べによると、終戦時の時価で民間企業所有五一五億円、政府所有一九二億円である。

他に個人財産と陸海軍資産があるが、在外財産調査会朝鮮部長の水田直昌は、個人財産を一五〇億円と推定しており、総額八五〇億円ほどの財産を日本人は朝鮮に残して帰国した。

また、鮮銀券の朝鮮での発行高は七三億円（昭和二十年九月末）、朝鮮銀行が三十六年の間に朝鮮で買い入れた金は二四九トン、五億六〇〇〇万円——、これが明治三十年代に始まった日本の朝鮮経営の総決算だった。

# 第十一章　終戦と朝鮮銀行の閉鎖

## 内地支店閉鎖と鮮銀券の増発

昭和二十（一九四五）年八月十五日、日本はポツダム宣言を受け入れて降伏した結果、「日本国の主権は本州、北海道、九州及四国並に吾等の決定する諸小島に局限」（ポツダム宣言）され、京城を本店に朝鮮半島、関東州、中国および内地に営業網を拡げていた朝鮮銀行は、全面閉鎖に追い込まれることになった。

中国の支店は重慶から派遣された中国、交通、中国農民の各銀行の行員が接収に当り、関東州と三十八度線以北の朝鮮の支店はソ連軍や各地に組織された人民委員会の接収を受け、三十八度線以南の本支店は米軍に接収された。

朝鮮銀行京城本店では、終戦とともに三十八度線以南の本支店の業務を朝鮮人行員に引き継ぐことにし、米軍が特別に用意した船で中国などから早期帰国した朝鮮人行員がこれらの支店に配置されていった。

また、日本内地の支店も九月三十日に連合国総司令部（ＧＨＱ）から閉鎖を命じられ、朝鮮銀行は、韓国銀行として設立された明治四十二年十一月から三十六年足らずの短い歴史を閉じることになった。

朝鮮銀行の諸計数は、内地の店舗が閉鎖されたために本部関係の資料などが四散し、韓国にあった資料は戦火に消えたので、極めて不十分である。

とくに昭和二十年三月期の「諸計算書」以降は、通信回線を軍が独占して中国各地の支店との連絡が途絶え、終戦後は南朝鮮と内地以外の店舗は本部勘定から切り離されたから、その実態は不明である。東京支店に残された断片的な資料などで、まず、終戦後の鮮銀券の大増発から見ていく。

朝鮮銀行の田中鉄三郎総裁が解任されたのが昭和二十年九月三十日で、後任には米軍政部のローランド・スミス海軍少佐が就任して、朝鮮銀行の経営は日本人の手を離れた。

この日の鮮銀券の発行高は八六億八〇〇〇万円であり、一年間に六四億円も増えている。また終戦の日の八月十五日から九月末日までの一カ月半の増発分だけで、三八億四〇〇〇万円と総発行高の四四パーセントに達しており、終戦前後の増発が際立っている。

終戦までの増発要因については前章で検討したが、終戦直後のこの増発要因を、昭和三十五年に朝鮮銀行関係者によって発刊された『朝鮮銀行略史』はこう説明している。

「資金払出の実績をみると、最も多額に上ったのは、日本軍の軍費の支払、すなわち召集解除により内地に帰還する軍人の旅費、官吏の退職手当や帰還旅費、各会社の解散手当、退職資金の支払であった。資金不足の銀行会社に対しても理由のつく限り貸出に応ずることとした」

『略史』はこう説明するだけで、具体的な数字は一切掲げていない。

鮮銀券の多額の増発は、日本軍の召集解除と官庁や各会社の解散に伴う経費支払が巨額に達したのと、終戦の混乱による預金引出によるというのだが、終戦という混乱の中での銀行券の大量発行である。

終戦とともに朝鮮は北緯三十八度線で南北に区切られたが、朝鮮銀行の営業はどうなったのか。発行条件も大きく変ったに相違なく、そうした点から明らかにしたい。

## 三十八度線による南北分断

まず三十八度線の登場を、トルーマン大統領はこう説明する。

「後年非常な大問題として浮かび出る運命を持った三十八度線は、彼我（ソ米）双方で論争もされず、また取り引きの種にもならなかった。一般命令第一号が承認を得るため（八月十三日に）私に提出されたとき、三十八度線より南は米軍により、北はソ連軍によって降伏を受諾するようになっていた。私はバーンズ（国務）長官が、米軍はできるかぎり北の方まで降伏を受けるように提案したことを耳にした。しかし陸軍当局は、距離が遠いのと人員不足のため克服できない障害にぶつかっていた。三十八度線でさえ陸軍のどの部隊からしても遠かったのである」（かっこ内は筆者注）

終戦時に朝鮮にいた日本軍は総数四〇万三〇〇〇名（軍属を含む）で、うち北には一二万五〇〇〇名、南には二七万八〇〇〇名が駐留していた。北朝鮮にいたこの日本軍の半数以上の六万六〇〇〇名は、捕虜としてソ連に送られて強制労働に服することになり、南朝鮮の日本軍は終戦三カ月後にはほとんどが内地に帰還した。

　このように三十八度線は、日本軍の降伏を受理するための暫定的な便宜として登場したものだったが、現実には北と南では日本軍や民間人の取扱い、朝鮮銀行支店の接収、そして政治体制もまったく様相を異にすることになり、三十八度線による南北分断が既成事実化していった。

　ソ連は八月九日に対日参戦し、総司令官ワシレフスキー元帥が指揮する極東軍一七四万名の機械化された部隊は、満州の関東軍防御陣を一気に撃破して南下した。

　北朝鮮の土里にも、八日午後十一時五十分にソ連軍が豆満江の国境を渡って来襲した。ソ連機による爆撃も始まり、朝鮮銀行の羅津支店は十日に、清津支店は十三日に未発行券などを焼却して撤退した。

　トルーマン大統領の説明にある「一般命令第一号」というのは、終戦による日本軍の武装解除と降伏受理、部隊の引き揚げなどに関する指令文書であり、日本がポツダム宣言受諾を十日に通告したあと、アメリカはソ連の南下を抑止するために三十八度線による分割ラインを急遽この文書に書き加えて、十五日にイギリス、中国、ソ連の同盟国に通知した。

　そして二十日には、降伏条項受理のためマニラに派遣された河辺虎四郎全権に三十八度線設定を含むこの文書が手交され、朝鮮総督府には二十三日に古井喜実内務次官から電報で通達された。この日、ＧＨＱからも「朝鮮は北緯三十八度線以北をソ連圏、以南を米国圏とする」旨の放送があった。

## 南北で異なる接収後の対応

朝鮮銀行の三十八度線以北（以下北朝鮮と表記）の支店は、先に撤収した羅津支店、清津支店のほかに平壌、新義州、咸興、元山などに六店舗があった。しかし、咸興、元山には二十一日にソ連軍が進駐したので、朝鮮銀行はこれらの支店を切り離すことにして各支配人に連絡した。

「三十八度線以北は全部本部勘定よりオミットした。貴職適宜処理差支えなし」

鮮銀券の発行高も、鎮南浦と元山支店は二十日、平壌支店二十一日、新義州と咸興支店二十二日の残高で凍結され、同時に二十二日にソ連軍が進駐した関東州の大連と旅順両支店勘定も切り離したから、これ以降の増発分は南朝鮮の勘定だけになった。

九月八日にはソウルに米軍が進駐し、九月十日に本店は米軍政部によって接収が始まった。南朝鮮では米軍の用意してきたA式軍票も大量発行をみることなく、引き続き鮮銀券が通用すると布告された。

一方、北朝鮮の支店は、八月末までに各地に組織された人民委員会やソ連軍によって接収され、これらの支店に七月末に六億三〇〇〇万円あった未発行券と、その後に京城本店から現送した二億円は預金の払出しに当てられ、一部は焼却されたりソ連軍に持ち去られた（大連と旅順支店も二億円をソ連軍に接収された）。

十月初めには、最後に残った海州支店も接収を受けるとともに、日銀券と南朝鮮で終戦後に印刷発行した鮮銀券（朝乙券）の使用が禁じられた。

八月末の鮮銀券の発行高は七九億八七〇〇万円で、うち南朝鮮での発行高は四二億七一〇〇万円だった。残りは試算によれば、北朝鮮二四億一八〇〇万円、関東州と満州一六億七一〇〇万円、内地と中国の回収超三億七四〇〇万円となる。

八月十五日の終戦日から八月末までの鮮銀券の増発額は、三一億四八〇〇万円で、地域別では、南朝鮮二三億八四〇〇万円、北朝鮮四億四四〇〇万円（次の韓国銀行推計と一六〇〇万円の相違あり）、関東州三億二〇〇〇万円の増発になった。

九月の鮮銀券増発高は、六億九二〇〇万円で、これは全額南朝鮮分だから、終戦から九月末までの南朝鮮での増発高は三〇億七七〇〇万円ということになる。

なお、これは各支店の発行高の累計であり、実際の流通高はこれと異なる。韓国銀行の推計によれば、北朝鮮での鮮銀券の流通高は、終戦時に一三億円であり、その後の追加発行四億六〇〇〇万円、終戦前後の関東州からの流入六億七〇〇〇万円、終戦前後の越南者による南朝鮮への流出一〇億円を加減すると、一九四七（昭和二十二）年十二月に北朝鮮で流通あるいは退蔵されていた鮮銀券は一四億三〇〇〇万円としている。

そして、この鮮銀券は、後述のように一九四七年十二月の通貨改革で回収されたあと

「南朝鮮物資購入資金として……大部分が南朝鮮に急速に流入」してしまったという(韓国銀行調査部経済年鑑「北朝鮮金融体制の再策定」)。

## 鮮銀券から切り離された発行準備

次に増発要因の分析に移る。

終戦時に総督府財務局長だった水田直昌が昭和二十九年に土屋喬雄(たかお)東大教授らのインタビューに応じた記録が、昭和三十七年に財団法人友邦協会から『財政金融政策から見た朝鮮統治とその終局』と題して「二〇〇部限定」で発行された。

そのなかで水田は、終戦後九月末までに総督府と日本軍による国庫金の支払超過は一一億八〇〇〇万円に上り、うち総督府分は六億円だったと証言している。

これが『畧史』のいう「日本軍の軍費の支払、すなわち召集解除により内地に帰還する軍人の旅費、官吏の退職手当や帰還旅費」の金額である。そして同じく「各会社の解散手当、退職資金の支払」のため総督府の特別命令で融資された金額は、二億五〇〇〇万円だったと水田はいう。

したがって、この二つを終戦から九月末までの南朝鮮での増発分三〇億七七〇〇万円から差し引いた一六億四七〇〇万円が、預金の引出ということになる(小切手による内地送金六億円を差引後)。水田の特別命令で融資された二億五〇〇〇万円は、結局回収できず金融機関の欠損になったが、国庫金の支払超過一一億八〇〇〇万円については説明が必要だ。「日銀から当行東京支店を通じ、京城本店経由の国庫送金もまた相当の額に上ったが、これは当然鮮銀券の増発に伴う発行準備として東京支店において国債を買入れた」『略史』はこういう。

朝鮮には大正中期以降、朝鮮軍司令部の下に二個師団がおかれていた。昭和二十年一月になって本土作戦の一環として新たに第十七方面軍と朝鮮軍管区が設けられて朝鮮の防衛に当ることになったが、この日本軍の物資調達などの経費は、臨時軍事費特別会計から日本銀行が朝鮮銀行東京支店に日本円勘定で振り込む。

朝鮮銀行はそれを鮮銀券で軍に支払うから日本円勘定はそのまま残る。朝鮮銀行はそれで国債を購入して鮮銀券の発行準備に当てたということであり、総督府特別会計の内地で起債した円資金なども同じ手続きで朝鮮に送られ、それが朝鮮銀行の国債残高を増加させた。

具体的には、東京支店は八月、九月の二カ月間に、臨軍費特別会計（六億九〇〇〇万円）と朝鮮総督府特別会計から合計一四億四〇〇〇万円を京城本店に送金している。京城本店はそれを鮮銀券で払い出し、東京支店は受け入れた日本円勘定で一四億円の国債を購入した。この二カ月の国債の市中売却は四九億余円だったから、朝鮮銀行がその二八パーセントを引き受けたことになる。朝鮮銀行の国債保有高は、日本銀行を除く全国銀行中第一位だった。

東京支店にあった国債五六億余円は、鮮銀券の発行準備だった。しかしGHQは、九月三十日に日本内地にあった朝鮮銀行や台湾銀行などの支店の閉鎖を指令し、これを受けて京城でも十月五日に米軍政庁のゴールドン財務局長が、朝鮮銀行の日本からの分離独立を次のように声明した。

「日本に在る朝鮮銀行支店は、朝鮮内の朝鮮銀行より分離せしめられた。在日朝鮮銀行支店が如何なる処分を受けるとも、朝鮮内の朝鮮銀行の運営には何等の影響はない。斯(かか)る措置は朝鮮を日本から分離せしめ、完全に独立した朝鮮の銀行として設立する手段である。朝鮮のあらゆる銀行及び金融機関（郵便貯金、簡易生命保険を含む）は軍政庁の指示の下に従来の通り業務を継続するを要す」（桜沢秀次郎理事の日記）

この措置によって、鮮銀券からその発行準備が切り離されたのである。

朝鮮銀行をめぐるこのような関係は、台湾の台北に本店を置く台湾銀行の場合も同じだった。台湾銀行では、終戦から九月末までの一カ月半の間に東京支店から台湾へ八億一六〇〇万円の送金があり、台銀券の発行高は八月十五日の一四億三三〇〇万円から九月末には二二億八五〇〇万円と八億五二〇〇万円ほど増加した。

『台湾銀行史』の九〇〇ページに、内地六支店の貸借対照表が載っている。それでは昭和二十年三月末の国債残高はゼロだが、次ページの二十年九月末は一三億二三〇〇万円になっている。これは国債勘定の移し替えが行われたもので、実際には八月十三日付で六億二七八四万円（額面）の国債が台北本店から東京支店に付替えられ、その後九月末までに東京支店勘定で七億七〇〇〇万円ほどの国債を購入したものである（なお、台湾の国民政府は、終戦の翌年五月九日に台湾銀行を接収改組して、新たに台湾銀行券「台幣」を発行させた。そして一九四九〈昭和二十四〉年六月になって新台幣を発行し、新台幣一元＝旧台幣四元の比率で旧台幣を回収している）。

## 鮮銀券の現地印刷

朝鮮に戻って――、

鮮銀券の発行高は十月十八日に八八億円に達したあと一旦減少に転じるのだが、朝鮮銀行はこの増発分を賄うため、内地から八月二十四日に鮮銀券一億円と日銀券三億円を、九月に入って鮮銀券三億円を空輸するとともに、すでに内地との交通途絶に備えて銀行券の現地印刷の準備をしていたので、八月二十五日に内地から飛行機で届いた原版を使用して、一〇〇円券と新たに一〇〇〇円券の印刷を民間の朝鮮書籍印刷と近沢印刷で開始した。

裏表平版刷り、無番号の簡素なもので、用紙は、「みつまた」がないので模造紙を用いたから、それまで一〇〇円券の左空白部に挿入されていた「百円」の文字や分銅(ふんどう)形模様中の「朝鮮銀行」の文字と李花(りか)、こうもりなどの漉(すかし)入れは省かれた。

この現地印刷の一〇〇円券（朝乙券）二一億円は九月七日から発行されたが（一〇〇〇円券は発行されず）、九月末に近沢印刷にあった一〇〇円券の原版が盗まれ、日本人が退去したあと朝鮮共産党がこの近沢ビルを接収すると、この原版で一〇〇円券を大量に偽造し、これを朝鮮共産党の活動費にあてたという（韓奎勲『朝鮮銀行40年』第二部）。

このため、十二月一日に新一〇〇円券（朝丙券）が発行されて乙券は回収されたが、すぐに丙券の大変精巧で一見判別が困難なニセ札が大量に出回って混乱したので、丙券の流通を禁止し、一九四六（昭和二十一）年七月にはさらに新一〇〇円券（朝丁券）が発行されており、新札とニセ札のいたちごっこが続いた。

このニセ札騒動は、朝鮮戦争のときに北朝鮮軍がソウルの韓国銀行本店で大量の未発行鮮銀券とその印刷原版を入手したことでピークを迎える。

なお、朝丁券が発行されても日本の印刷局で終戦前に印刷された一〇〇円券（朝改券と朝甲券）は引き続き流通していたが、朝丁券から「此券引換に日本銀行券一〇〇円相渡可申候也」の文字がなくなり、また「大日本帝国印刷局製造」の銘版が「朝鮮書籍印刷株式会社製造」に変わって「倭色を一掃した」（韓奎勲・同前）。

終戦時まで、鮮銀券は日銀券と等価だった。その後に日本政府が在外公館等借入金の返済のため昭和二十一年中ごろの米価を基準に定めた換算レートは、一・五鮮銀券＝一日銀券となり、内地の物価を抑えるため植民地や占領地の経済を犠牲にしてきたことを追認する形になった（他に一〇〇連銀券＝一日銀券、二四〇〇儲備券＝一日銀券などと決められた。公定レートは連銀券と日銀券はパー、儲備券一〇〇元＝日銀券一八円だった）。

### 日本印刷局製造の鮮銀券、無効に

一方、ソ連軍占領下の北朝鮮では、九月二十一日にソ連軍が、通称〝赤札〟と呼ばれた圓（ウォン）貨軍票を発行した。券面は一圓、五圓、一〇圓、一〇〇圓の四種で、無制限に発行されて北朝鮮の物資は続々とソ連地区へ搬出されていった。

ソ連は関東州や旧満州でも軍票を発行しており、旅順支店には八月二十八日にソ連軍ワルフ主計少佐が五〇〇万円ほどの軍票をもって来店して、鮮銀券との等価発行を指示した。券種は一円、五円、一〇円、一〇〇円の四種で、表は露文、裏は日本文、シベリアのチタで印刷したものだった。

堀越喜太郎支配人が、たった一つ切り忘れていた官封の日付を見ると、「あたかも日ソ中立条約締結の年月と同じであった」という。そうであれば、ソ連は昭和十六年四月――この時点で満州侵攻の準備を始めていたわけで、中立条約など、しょせん時間稼ぎの方便に過ぎなかったことになる。独ソ開戦は、この二カ月後である。

なお、大連支店支配人の大草志一の記録によれば、ソ連は対日宣戦（昭和二十年八月）の一年前には、満州、内モンゴル、関東州、朝鮮の地方別の円貨軍票を用意していたとい

ソ連軍票 100ウォン

北朝鮮中央銀行券 5ウォン

う。

北朝鮮では、一九四六年一月にソ連軍が平壌に北朝鮮中央銀行を設立し、ソ連軍票が引き続いて発行されて、鮮銀券流通高（一四億円程度）の四倍見当に達した。

北朝鮮中央銀行は一九四六（昭和二十一）年十月には北朝鮮人民委員会の手に移管され、北朝鮮にあった金融機関の店舗は、北朝鮮中央銀行と北朝鮮農民銀行の二国営銀行に整理統合された。一九四七年十二月、北朝鮮では、朝鮮独立問題に関する国連決議執行のための委員団来朝を前にして通貨改革が行われ、七九億五〇〇〇万円のソ連軍票と鮮銀券が回収され、うち三〇億円が封鎖預金として凍結され、残りは新紙幣（人民券）と交換された。

鮮銀券がいくら回収されたか不明だが、封鎖された預金は結局一部しか払出を認められなかった（支払い率は、二〇〇〇円以上は五〇パーセント、五〇〇〇円以上は三〇パーセント、一万円以上は二〇パーセント、五万円以上は一〇パーセント）こともあって、「民衆預金することよりも、将来統一政府が樹立されて国際的に解決されるものとの予想下で、ソ連軍票の相当な額と約五億円の朝鮮銀行券が退蔵されていたものと在北朝鮮権威側と消息通方面では推測している」（韓国銀行『経済年鑑』）という。

この数字によれば、北朝鮮で流通していた鮮銀券一四億三〇〇〇万円のうち九億三〇〇〇万円と、ソ連軍票七〇億二〇〇〇万円が回収されたことになる。回収された鮮銀券は、終戦までに内地で製造された「朝改券」と「朝甲券」で、南朝鮮ではまだ流通していたから、「南朝鮮物資購入資金に動員せしめる」ことになり、急速に南朝鮮に流入して物価騰貴を招いた。

本物の紙幣の流入だけに、防ぐ術（すべ）はない。ソウル市内の小売価格は、一九四七年十二月から翌年春までのわずか三、四カ月の間に、じゃがいも二・九倍、豚肉と卵一・六倍、塩一・五倍と猛烈な値上がりを示し、朝鮮銀行調査部は一九四八年一月に「物価騰貴率は終戦直後の約二〇倍」と発表している。

対応を迫られた米軍政庁は、一九四八年四月八日に軍政長官名で日本様式鮮銀券七五億円の回収を財務部に命じて十二日より実施し、この日本印刷局製造の一〇〇円券は、四月二十五日より無効とされた（この時点での鮮銀券発行高は一七二億円）。

鮮銀券が発行されたのは大正三（一九一四）年九月一日で、一〇〇円券がまず世に出た。

それから三十二年半ほどで日本人の手によって発行された鮮銀券は南朝鮮からも姿を消すことになったのだが、残った戦後発行の鮮銀券にも過酷な運命が待ち受けていた。

# 第十二章　韓国銀行発足と朝鮮戦争

## ソウル陥落、略奪された鮮銀券

一九四八（昭和二十三）年八月に南朝鮮に大韓民国が成立し、翌九月には北朝鮮に朝鮮民主主義人民共和国（以下北朝鮮と表記）が樹立された。

ソ連軍は同年末までに、米軍も翌年六月には撤退して朝鮮の統治権は朝鮮民族の手に戻ったが、朝鮮半島は二分された。一九四九年十月には中華人民共和国が成立する。

韓国では、米韓の軍政委譲協定により朝鮮銀行が米軍から韓国政府に委譲され、一九五〇年六月五日には朝鮮銀行の資産負債を「原則として」継承して韓国銀行が発足して、韓国銀行券の発行準備に取りかかった。

しかし、その直後の六月二十五日に北朝鮮の軍隊が三十八度線を越えて韓国に侵入し、朝鮮戦争が勃発した。

朝鮮戦争は、一九五三年七月に停戦協定が成立して三十八度線に沿った軍事協定線が設定されるまで、南北両軍の一進一退が繰り返される消耗戦で、首都ソウルは四回の争奪戦の末に廃墟と化した。

三十八度線から東豆川、議政府を経てソウルに至る京元街道は、最短距離で五〇キロに満たない。

六月二十五日午前四時に五方向から三十八度線を突破した北朝鮮軍は南下を続け、二十七日未明に李承晩（イスンマン）大統領が列車でソウルを脱出すると、朝のＫＢＳ放送は、政府はソウル南方四〇キロの水原（すいげん）に移転すると報じた。首都ソウルの放棄である。

韓国銀行では、本店地下金庫に保管していた金塊一・五トン、銀塊二・五トンを二十七日にトラックで南下させ、具鎔書（クヨンソ）総裁以下幹部職員も脱出したが、大半の行員は残留を余儀なくされ、地下金庫には大量の未発行券が残された。

翌二十八日午前一時、北朝鮮軍の尖兵部隊がソウルに侵入し、午前十一時三十分にソウル陥落が公式宣言された。

朝鮮銀行券48Ａ記号100円（人物の頭の上に〈48A〉と印刷されている）

朝鮮銀行券Ａ記号1000円

韓国銀行地下金庫の未発行券はそっくり北朝鮮軍に奪取され、本店建物は爆撃を受けたうえ放火された。

韓国銀行は朝鮮戦争勃発の二十日前に設立されたばかりで、経過規定によって、当分の間は鮮銀券を韓国銀行券として発行することができた（韓国銀行法第一一七条）。

そして開戦時に本店の金庫には、多額のA記号一〇〇〇円券（番号の前にAを付けたもの）と48A記号一〇〇円券（番号はなく48Aの記号だけのもの）が蓄積されていた。いずれも鮮銀券で、一〇〇〇円券は未発行だったが、48A記号一〇〇円券はすでに一億五〇〇〇万円が発行されていたから、それと同じ未発行券とその印刷原版が北朝鮮軍に奪取されたことで、韓国銀行は「侵犯傀儡集団が濫造または略奪で不法入手した朝鮮銀行券を侵犯地域から隠密に搬入させて、軍事的経済的に民国政府を攪乱しようとする奸計」を早急に排除する必要に迫られた。

南下を続ける北朝鮮軍は、ソウルから大田、さらに大邱を目指したが、三〇〇キロにも延びた兵站線を辿る補給は、制空権と制海権を米軍に握られているので極度に困難になった。

そこで、食糧などは旧日本軍と同じく「糧を敵中に求める」しかなく、韓国銀行の地下金庫から奪取した48A記号一〇〇円券五億一九三〇万円とA記号朝鮮銀行一〇〇〇円券一八億円、それに「人民券」も持ち込み、さらに韓国銀行で手に入れた48A記号一〇〇円券原版で偽造した一〇〇円券を総動員して、物資調達と経済攪乱工作を進めた。

### 韓国銀行券を日本で印刷

北朝鮮軍のこの破壊工作に対処するには、一日も早く韓国銀行の新一〇〇円券を発行して、鮮銀券の通用を禁止するしかない。

しかし、釜山に後退した戦乱下の韓国銀行では新券の発行は到底不可能だったため、総司令部（ＧＨＱ）の命令で日本の印刷局が韓国銀行券の製造を引き受けることになった。『大蔵省印刷局史』はいう。

「極度の機密保持上、場外作業に出すことはできず、しかも当局の経常的製品の作業計画の変更が許されなかったので、韓国銀行券の製造はほとんど徹夜の突貫作業とならざるを得なかった。用紙は王子工場四台と小田原工場の二台の抄紙機を全運転し、印刷は滝野川、小田原、市ケ谷の三工場の全平版部門を総動員して、百円、千円両券種あわせて八億四千二百万枚を（昭和）二五年度末までに、残り千円券二千万枚を二六年五月までに無事引渡しを完了した。この緊急作業が当初いかに寸刻を争うものであったかを滝野川工場の例について述べれば、まず図案作成に着手したのが七月一日で動乱勃発後六日目で……六日から平版部門は連続徹夜作業となり、七月一二日に第一回納入六〇〇〇万枚を行ない、ついに一四日には第一次割当二千万枚の納入を完了した」

戦乱下とはいえ、敵に奪取された鮮銀券の乱発で鮮銀券が信用を失って通用禁止に追い込まれ、新発行の韓国銀行券を日本の印刷局が製造したというのも奇しき縁である。これによって終戦後も流通していた鮮銀券は姿を消すことになった（最終的には一九五三年二月の通貨改革で小額券が回収されて完了）。

## 戦乱下の通貨交換

新しい一〇〇円と一〇〇〇円の韓国銀行券は、七月二十二日に釜山で発行された。八月二十八日、大統領緊急命令第十号「朝鮮銀行券の流通および交換に関する件」が公布されて、「第一条　政府は非常事態収拾上、必要な地域に対する朝鮮銀行券の流通を制限又は禁止することができる。

朝鮮銀行券 1000円

この場合においては、朝鮮銀行券は韓国銀行券と交換する」ことになった。

この命令に基づいて、九月十五日に鮮銀券と新韓国銀行券との第一次交換がウォーカーライン地域内（浦項、永川、大邱、昌寧、馬山、統営を結ぶ線の南の地域）と済州島で実施された。

この地域は、北朝鮮軍の非占領地だったので〝偽造券〟は少なかったから、無制限等価交換が行なわれた。

交換最終日の二十二日までの八日間の交換額は一七五億円で（以後第四次までの交換総額七一七億円の四分の一）、翌二十三日からこの地区での朝鮮銀行一〇〇円券の流通は禁止された。

九月十五日、第一次交換初日に米海兵隊はソウル西方四五キロの仁川に上陸し、ソウル奪回を目指して東進を開始した。韓国銀行としては首都での銀行店舗の再開と通貨交換を急がなくてはならない。

九月二十日、張基栄(チャンキヨン)調査部長(のちの理事、韓国日報社主)が指揮する韓国銀行先発隊が、海軍のLST(上陸用舟艇)に韓国銀行券を積んで釜山を出発し、二十一日に仁川に上陸、二十六日までに仁川地区のすべての銀行店舗を再開させると、二十八日にソウルに入った。

北朝鮮軍に占領された九十日間のソウルの生活は悲惨だった。韓国の連合新聞社の日本特派員だった鄭国殷(ジョンナラウン)記者はソウル解放十日後に現地入りして、残留していた一〇〇名余の人々に取材すると十月十七日付の『朝日新聞』でこう報じた。

「国連軍に奪回されるまでの三ヶ月間、京城百七十万市民の生活は暗黒と恐怖と飢えそのものであった。北鮮侵略軍は……戦況が苦しくなるにつれて、恐怖政治の本領を発揮し、食糧と人と戦略物資を徴発するのに手段を選ばなかった。……市民の生活は破壊され、生活の必需物資は底をつき、米は一升最高九千円にはね上った(注・開戦前は二〇〇円以下)。……紙幣は濫発され、韓国政府がインフレを恐れて発行し得なかった千円札が街にはんらんした。……北鮮軍が反動分子と呼ぶ民主分子はほとんど虐殺されるか、あるいは北方に強制的に連行された。……国立図書館(旧総督府図書館)、国立京城大学(旧京城帝大)の数百万冊の書籍は一冊も見当らない。国宝を保管している国立博物館はもぬけのカラ同様で何物もない。……かくして京城市内で行方不明または虐殺された知識人や文化人の数はあるいは一万とも、あるいは二万ともいわれる。……目ぼしい公共の建物と官庁はほとんど破壊され……朝鮮銀行などは北鮮軍が放火した」

韓国銀行本店は焼け落ち、わずかに明治末年に建設したとき東大門外から切り出した〝他に比類なき〟大きな花崗岩で築いた外壁と〝とくに花崗岩一個を以て造った〟軸柱、それに地下金庫が「みすぼらしい姿で残っているだけだった」（具鎔書総裁）。そこで真向かいの貯蓄銀行（のちの第一銀行）の建物を借りて十月一日に中央銀行業務を再開し、翌二日には具総裁を始め各金融機関の幹部もソウルに戻った。

**敵性分子が使う鮮銀券の交換阻止**

まず緊急を要するのは「共産ゲリラその他の敵性分子が大量に所持する朝鮮銀行券の交換を阻止する」（具総裁）ことである。

三十八度線を越えて北上した韓国軍と国連軍が十月二十日に首都平壌を陥落させると、二十五日から十日間、ソウル特別市、京畿道、江原道の全域で第二次通貨交換が実施された。

仁川に上陸した国連軍は、三十八度線沿いを制圧したので、南下していた北朝鮮軍は退路を断たれてゲリラ化した。

その敗残兵が立て籠もる全羅南北道、忠清南北道は後回しにして封じ込め、三十八度線沿いの接境地帯の通貨交換を先行させることで「強力な侵境地帯封鎖を設定して残余南韓地帯にまで拡大実施する」作戦である。

第二次からは無制限交換でなく、全額預金方式に改めた。一般個人は、世帯単位で世帯主証明を携帯し班長が引率して金融機関に預金させ、交換初日だけ二万円に限って現札交換を認め、以後は一週間二万円、月五万円までに引出を制限する方式とした。

これなら、ゲリラ化した共産兵士や内通者が持つ鮮銀券を封鎖できるわけだが、実際にはたとえばソウルでは現札交換を認められる二万円ちょうどを交換した世帯が八八パーセントにも達した。

計算上では鮮銀券の交換は一世帯平均一万八〇〇〇円になるので、この差額について韓国銀行は、「分割交換の盛行は予想外に高率で、組織的に行われたと断言して間違いではない」(通貨交換措置総合報告)としており、北朝鮮軍に奪取された鮮銀券がこの中に相当もぐり込んでいたと見ている。

第二次交換で二一五億円、交換総額の三〇パーセントが回収され、最終日の十一月三日からこの地域でも朝鮮銀行一〇〇円券の流通が禁止された。

続いて、十一月十一日からその他の残余地域でも朝鮮銀行一〇〇円券の流通が禁止され、十八日までの八日間で第三次交換が行われた。

北進する韓国軍は、韓国銀行券を軍用通貨、作戦通貨としていた。作戦を支援する意味でも通貨交換は急を要したが、戦乱下の交換事務は困難を極めたようで、この任務に当たった韓国銀行の「金融師団」は、「前進しながら交換し、戦闘しつつ交換し、撤収しながら交換するという実に金融通貨史上類例を見ない文字どおりの〝弾雨下の交換事務〟であった……が、特に中共再侵による再南下以前に新旧券交換を終了して、敵計による経済攪乱の可能性を未然に防止でき、交換措置断行の所期の目的を達成したことは、冷や冷やの連続とはいえ、何よりも今次事変中の不幸中多幸の一つであった」と報告している。

このあと、十一月十八日から朝鮮銀行一〇〇円券の流通を全面禁止して、治安回復地域などで第四次交換が行われて、一九五一年四月末で打ち切られた。

## 最小限に食い止めた経済攪乱の被害

北朝鮮軍によって不法発行されたのは、韓国銀行の地下金庫から奪取した48A記号一〇〇円券五億一九三〇万円とA記号朝鮮銀行一〇〇〇円券一八億六万円、人民券二五五万円、それに韓国銀行で手に入れた原版を使って偽造した48A記号一〇〇円券だった。

このうち48A記号一〇〇円券は真偽鑑定が不可能なので〝疑偽券〟として「敵性人のこの券使用を封鎖したが」、一般の所有者には交換に応じた。またA記号朝鮮銀行一〇〇〇円券と人民券は金融機関に登録させただけで、交換はしなかった。

回収された鮮銀券は総額七一七億円で、48A疑偽券を含む推定交換対象額七七〇億円の九三パーセントの回収率だった。

ゲリラ化した敗残兵が立て籠もる全羅北道などの二八の里と若干の村落が交換不能で残ったが、この地区の鮮銀券の滞留は「数百万円に過ぎない」と韓国銀行は推定している。

北朝鮮軍による不法発行の総額は、偽造した一〇〇円券の発行額が不明なのでこれを除いても、二三億二一九一万円だった。これは当時の鮮銀券流通額の三パーセントである。

日本が太平洋戦争で香港にあった蔣介石政府の法幣の原版を手に入れて偽造した額は三〇億元で、これは蔣政府の法幣発行高の〇・七パーセント程度だった。

北朝鮮軍による鮮銀券の不法発行三パーセントというのは随分と大きいが、日本陸軍の通貨謀略工作にたずさわった山本憲蔵主計大佐によると、通貨体制を崩壊させるには偽造券の目標を二〇パーセント以上とする必要があることを「確証した」という。

韓国の場合は、鮮銀券が奪取されてから十五日目には早くも新しい韓国銀行券が日本の印刷局で製造されて韓国銀行に納入され、二十五日目には発行が始まり、開戦五カ月半後には韓国全域で朝鮮銀行一〇〇円券が流通禁止になっている。

仁川上陸作戦の成功の直後に韓国銀行の先発隊がソウルに入ったときは、「砲声殷殷、東大門外で戦闘中であった」というが、韓国側のこの迅速な通貨交換によって、経済攪乱工作の被害を最小限に食い止めることができたわけで、韓国銀行が「金融師団の業績は超人間的といい得る」と胸を張るのも首肯できる。

その後、韓国では、一九五一年十月に「韓国造幣公社法」が発効して釜山印刷工場で日本から引き渡された原版を使って、一〇〇〇円券、一〇〇円券の印刷を始めた。

しかし、戦乱によって荒廃した国内の復旧や経済の立て直しのため、韓国銀行券は増発の一途をたどり、このため一九五三年二月には一〇〇円を一圜（ＨＷＡＮ）とする金融措置を実施した。

この新旧通貨交換によって、一〇〇円未満の鮮銀券や日本政府発行の補助貨も、太平洋戦争の終戦から七年半を経てようやく朝鮮半島から完全に姿を消すことになった。韓国ではこのあと、一九六二年六月にも再度一〇圜＝一ＷＯＮの切り下げが行われた。

前述のように、韓国の通貨は一八九四（明治二十七）年の「新式貨幣発行章程」で、二銭五分白銅貨＝日本通貨五銭でスタートした。

その後、目賀田の貨幣整理の際に二分の一に切り下げられ、戦後の二度にわたる切り下げでさらに一〇〇〇分の一になった。

現在の相場は、一円＝一〇ウォン程度であるから、通算すると百年ほどの間にウォンは円に対して二万分の一にやせ細ったことになる。

終戦の際の三十八度線の設定と朝鮮戦争のツケも、また甚大であった。

# おわりに

朝鮮銀行の営業の実態は軍部の大陸侵攻や植民地政策と深く関わっており、とくに日中戦争期以降は軍事費送金および連銀との預け合による軍費調達の役割を担ったため、その「金融上のやり口」は極秘とされて外部に知らされることはなかった。

終戦直後の閉鎖によって国内の資料は四散し、韓国にあった資料は戦火に消え、その実態の解明はいまだに不十分である。

連銀や儲備銀との預け合による戦費調達の実態は、昭和三十年に『昭和財政史　第四巻臨時軍事費』が発刊され、続いて『朝鮮銀行略史』（昭和三十五年）、「毎半季為替及金融報告」（横浜正金銀行　昭和四十五年）、『占領地通貨工作』（続・現代史資料11、昭和五十八年）、『朝鮮銀行史』（昭和六十二年）などが刊行されるのを待って、ようやく全容が明らかになってきたものである。

円の大陸進出を担った正金銀行や朝鮮銀行の歴史が明らかになったことで、ようやく朝鮮や満州、中国占領地での通貨工作の実態を総合的に把握する条件は整ってきたのだが、まだまだ資料発掘や分析などに地道な努力が要求されることだろう。

本書で紹介した韓国銀行設立を巡る伊藤博文統監と桂太郎首相の確執、ロマノフ金貨の朝鮮銀行への大量流入、戦前唯一の〝円外交〟だった対中国西原借款の実態、終戦前後の鮮銀券の大量発行とその発行要因、そして朝鮮戦争の際のニセ鮮銀券の大量出回りなどの話も、そんな地道な作業の成果として明らかになったものである。

本書は、昭和六十二年に刊行した『朝鮮銀行史』の収集資料をベースに、朝鮮銀行の小史として編纂した。

朝鮮銀行は、終戦によって各地の店舗が接収されて閉鎖に追い込まれたが、北緯三十八度線以南の南朝鮮の本支店は、営業を継続し、鮮銀券の発行も続けられた。

一九四八年に大韓民国が成立し、一九五〇年六月には朝鮮銀行の資産負債を引き継いで韓国銀行が発足した。

しかし、その直後に朝鮮戦争が勃発し、鮮銀券は大量の偽札が出回ったので戦争中に韓国銀行券と交換されて、ようやく姿を消した。本書は、そこまでを韓国銀行の資料などで補って記述してある。

なお、引用文の旧かな旧漢字は、新かな新漢字に改めた。また、中国連合準備銀行、中央儲備銀行、朝鮮銀行券、日本銀行券などは、連銀、儲備銀、鮮銀券、日銀券などと適宜表示した。

以前に『朝鮮銀行史』を一緒に編纂した学兄藤塚疇氏には今回も資料の手配や校正でお世話になり、中国語と中国近現代史に詳しい赤坂照夫氏には有益なアドバイスをいただいた。また、ＰＨＰ研究所の今井章博氏と小林英史氏、細矢節子さんには、原稿が遅れたうえに編集などでお世話をかけた。

著者

二〇〇二年一月

# 朝鮮銀行年表

| 元号 | 西暦 | 日付 | 主なできごと |
| --- | --- | --- | --- |
| 明治四十二年 | 一九〇九年 | 七月二十六日 | 韓国銀行条例発布 |
| | | 十月二十九日 | 設立総会を東京商業会議所で開催<br>韓国政府、総裁市原盛宏、理事水越理庸、同三島太郎、同木村雄次を任命 |
| | | 十一月二十日 | 第一銀行より韓国に於ける銀行券発行、その他一切の業務を継承 |
| | | 十一月二十四日 | 営業開始 |
| | | 年末 | 鮮銀券発行高　一三四三万円 |
| 明治四十三年 | 一九一〇年 | 五月十日 | 日本銀行と韓国産金購入に関する約定締結 |
| | | 九月十二日 | 大阪支店開業 |
| | | 十二月二十一日 | 韓国銀行一円券発行 |
| | | 年末 | 鮮銀券発行高　二〇一六万円 |
| 明治四十四年 | 一九一一年 | 二月二十八日 | 貨幣整理部を閉鎖 |
| | | 三月十日 | 関釜連絡船内で貨紙幣の交換開始 |
| | | 三月二十九日 | 朝鮮銀行法発布 |
| | | 八月十五日 | 朝鮮銀行法施行され、韓国銀行を朝鮮銀行と改称 |
| | | 年末 | 鮮銀券発行高　二五〇〇万円 |

| | | | |
|---|---|---|---|
| 明治四十五年（大正元年） | 一九一二年 | 一月 | 朝鮮銀行京城本店建物竣工 |
| | | 年末 | 鮮銀券発行高　二五五五万円 |
| 大正二年 | 一九一三年 | 四月一日 | 東京支店開業 |
| | | 七月十五日 | 奉天出張所開業 |
| | | 八月二十日 | 大連出張所開業 |
| | | 九月五日 | 長春出張所開業 |
| | | 年末 | 鮮銀券発行高　二五六九万円 |
| 大正三年 | 一九一四年 | 年末 | 鮮銀券発行高　二一八五万円 |
| 大正四年 | 一九一五年 | 十月二日 | 市原総裁死去 |
| | | 十二月十四日 | 勝田主計、二代目総裁に就任 |
| | | 年末 | 鮮銀券発行高　三四三八万円 |
| 大正五年 | 一九一六年 | 七月十五日 | ハルビン支店開業 |
| | | 九月一日 | 鎮南浦、木浦、群山、釜山、安東県支店開業 |
| | | 九月十五日 | 営口支店開業 |
| | | 十月九日 | 勝田主計総裁辞任 |
| | | 十一月二日 | 美濃部俊吉、三代目総裁に就任 |
| | | 年末 | 鮮銀券発行高　四六六二万円 |
| 大正六年 | 一九一七年 | 一月二十日 | 三銀行による第一次交通銀行借款五〇〇万円成立（西原借款） |
| | | 六月一日 | 吉林支店開業 |

| 和暦 | 西暦 | 月日 | 事項 |
|---|---|---|---|
| | | 九月一日 | 開原支店開業 |
| | | 十月二十二日 | 青島支店開業 |
| | | 十一月二十七日 | 鮮銀券、関東州と満鉄付属地で強制通用力を付与される |
| | | 十二月一日 | 正金銀行が満州で発行した金券を引継ぐ |
| | | 年末 | 鮮銀券発行高　六七三六万円 |
| 大正七年 | 一九一八年 | 一月一日 | 満州における国庫金取扱事務開始<br>正金銀行の遼陽、鉄嶺、旅順、安東県の四営業所を継承 |
| | | 四月十日 | 上海支店開業 |
| | | 六月二十一日 | 副総裁に加納徳三郎就任 |
| | | 八月二日 | シベリア出兵に伴いシベリアと北満州で臨時国庫事務取扱開始 |
| | | 九月二十日 | 天津支店開業 |
| | | 十月二十五日 | 済南支店開業 |
| | | 年末 | 鮮銀券発行高　一億一五五二万円 |
| 大正八年 | 一九一九年 | 二月十七日 | 下関支店開業 |
| | | 十一月一日 | ニューヨーク出張所開業 |
| | | 十二月一日 | ウラジオストック支店開業 |
| | | 年末 | 鮮銀券発行高　一億六三六〇万円 |
| 大正九年 | 一九二〇年 | 三月一日 | 清津支店開業 |
| | | 年末 | 鮮銀券発行高　一億一四〇三万円 |

| | | | |
|---|---|---|---|
| 大正十年 | 一九二一年 | 八月二十日 | 四平街、鉄嶺支店開業 |
| | | 十二月五日 | 神戸支店開業 |
| | | 年末 | 鮮銀券発行高　一億三六三六万円 |
| 大正十一年 | 一九二二年 | 年末 | 鮮銀券発行高　一億五四万円 |
| 大正十二年 | 一九二三年 | 六月二十日 | 嘉納徳三郎副総裁辞任、後任に鈴木穆就任 |
| | | 年末 | 鮮銀券発行高　一億一〇二三万円 |
| 大正十三年 | 一九二四年 | 二月一日 | 美濃部俊吉総裁辞任、四代目総裁に野中清就任 |
| | | 二月十日 | ロンドン派遣員事務所開業 |
| | | 年末 | 鮮銀券発行高　一億二九一一万円 |
| 大正十四年 | 一九二五年 | 七月十七日 | 野中清総裁、鈴木穆副総裁辞任、五代目総裁に鈴木嶋吉就任 |
| | | 九月十六日 | 副総裁に横部実之助就任 |
| | | 十一月十六日 | 資本金八〇〇〇万円を四〇〇〇万円に減資の件登記 |
| | | 十二月三十一日 | 四平街・吉林・済南・下関の四支店と二店舗閉鎖 |
| | | 年末 | 鮮銀券発行高　一億二〇五四万円 |
| 大正十五年（昭和元年） | 一九二六年 | 八月二十七日 | 横部実之助副総裁死去 |
| | | 年末 | 鮮銀券発行高　一億一〇九三万円 |
| 昭和二年 | 一九二七年 | 五月二日 | 四平街支店開業 |
| | | 十二月八日 | 鈴木嶋吉総裁辞任、六代目総裁に加藤敬三郎就任 |
| | | 年末 | 鮮銀券発行高　一億二四五二万円 |

| | | | |
|---|---|---|---|
| 昭和三年 | 一九二八年 | 七月三十一日 | 会寧、龍井村、旅順、遼陽の四出張所を支店に改称の件認可 |
| | | 年末 | 鮮銀券発行高　一億三二四四万円 |
| 昭和四年 | 一九二九年 | 年末 | 鮮銀券発行高　一億一八七〇万円 |
| 昭和五年 | 一九三〇年 | 四月一日 | 下関支店開業 |
| | | 年末 | 鮮銀券発行高　九〇六一万円 |
| 昭和六年 | 一九三一年 | 七月十五日 | ウラジオストック支店を廃止 |
| | | 年末 | 鮮銀券発行高　一億九一万円 |
| 昭和七年 | 一九三二年 | 年末 | 鮮銀券発行高　一億二四六二万円 |
| 昭和八年 | 一九三三年 | 年末 | 鮮銀券発行高　一億四八一七万円 |
| 昭和九年 | 一九三四年 | 一月三十一日 | 会寧支店閉鎖 |
| | | 年末 | 鮮銀券発行高　一億九二四五万円 |
| 昭和十年 | 一九三五年 | 四月二十四日 | 副総裁に松原純一理事就任 |
| | | 八月一日 | 麗水支店開業 |
| | | 九月二日 | 羅津支店開業 |
| | | 年末 | 鮮銀券発行高　二億二〇七七万円 |
| 昭和十一年 | 一九三六年 | 十一月二十一日 | 松原純一副総裁退任 |
| | | 十二月十四日 | 満州の一〇支店、一〇派出所の満州興業銀行への営業譲渡を株主総会で決議 |
| | | 年末 | 鮮銀券発行高　二億一〇六五万円 |

| 昭和十二年 | 一九三七年 | 一月二十二日 | 北京支店開業 |
|---|---|---|---|
| | | 二月五日 | 新義州支店開業 |
| | | 三月一日 | 上海銀行の株式買入を大蔵大臣より指定される |
| | | 四月一日 | 副総裁に公森太郎就任 |
| | | 十二月八日 | 加藤敬三郎総裁辞任（七日）、七代目総裁に松原純一就任 |
| | | 年末 | 鮮銀券発行高　二億七九五〇万円 |
| 昭和十三年 | 一九三八年 | 六月十六日 | 中国連合準備銀行と預け合協定締結（三月十日に遡及して実施） |
| | | 八月六日 | 天津銀行の株式買入を大蔵大臣より指定される |
| | | 九月二十七日 | 華北での日銀券、鮮銀券の回収方針決定 |
| | | 年末 | 鮮銀券発行高　三億二一九七万円 |
| 昭和十四年 | 一九三九年 | 九月十六日 | 咸興支店開業 |
| | | 年末 | 鮮銀券発行高　四億四三九八万円 |
| 昭和十五年 | 一九四〇年 | 一月三十一日 | 公森太郎副総裁辞任、後任に君島一郎就任 |
| | | 年末 | 鮮銀券発行高　五億八〇五三万円 |
| 昭和十六年 | 一九四一年 | 四月十五日 | 済南支店開業 |
| | | 七月一日 | 中国連合準備銀行と預け合協定改定 |
| | | 七月十四日 | 名古屋支店開業 |
| | | 十月六日 | 海州支店開業 |

|  |  |  |  |
|---|---|---|---|
|  |  | 十一月十九日 | 在支敵性銀行接収のため極秘裏に北京、天津、上海などに行員派遣 |
|  |  | 年末 | 鮮銀券発行高　七億四一六〇万円 |
| 昭和十七年 | 一九四二年 | 九月十日 | 石門、太原、開封、徐州支店開業 |
|  |  | 十二月八日 | 松原純一総裁辞任、八代目総裁に田中鉄三郎就任 |
|  |  | 年末 | 鮮銀券発行高　九億八六四万円 |
| 昭和十八年 | 一九四三年 | 三月十日 | 中国連合準備銀行と預け合協定改定 |
|  |  | 〃 | 福岡支店開業 |
|  |  | 五月一日 | 光州支店開業 |
|  |  | 年末 | 鮮銀券発行高　一四億六六七七万円 |
| 昭和十九年 | 一九四四年 | 四月一日 | 南京支店開業 |
|  |  | 五月一日 | 大田支店開業 |
|  |  | 八月一日 | 中国連合準備銀行と預け合協定改定 |
|  |  | 年末 | 鮮銀券発行高　三一億三五六九万円 |
| 昭和二十年 | 一九四五年 | 一月五日 | 本店火災で本館一、二階の大部分を焼失 |
|  |  | 一月三十一日 | 君島一郎副総裁辞任 |
|  |  | 二月三日 | 副総裁に星野喜代治理事就任 |
|  |  | 三月一日 | 淮海海州支店開業 |
|  |  | 三月十九日 | 空襲で名古屋支店一部焼失 |
|  |  | 三月二十日 | 鄭州支店開業 |

| | | | |
|---|---|---|---|
| | | 四月十六日 | 中国連合準備銀行と預け合協定改定 |
| | | 六月五日 | 空襲で神戸支店焼失 |
| | | 六月十九日 | 空襲で福岡支店焼失 |
| | | 七月二日 | 空襲で下関支店焼失 |
| | | 九月十一日 | 米軍将校、接収準備のため京城本店に来行 |
| | | 九月三十日 | ＧＨＱの命令で国内支店閉鎖　田中鉄三郎総裁、星野喜代治副総裁解任 |
| | | 十月十三日 | 米軍政庁、ローランド・スミス海軍少佐を朝鮮銀行総裁に任命 |
| | | 年末 | 鮮銀券発行高　八七億六三三四万円 |
| 昭和二十一年 | 一九四六年 | 年末 | 鮮銀券発行高　一七七億一〇六二万円 |
| 昭和二十二年 | 一九四七年 | 年末 | 鮮銀券発行高　三三三億八八一六万円 |
| 昭和二十三年 | 一九四八年 | 年末 | 鮮銀券発行高　四三四億四四一一万円 |
| 昭和二十四年 | 一九四九年 | 年末 | 鮮銀券発行高　七五一億円 |
| 昭和二十五年 | 一九五〇年 | 六月五日 | 韓国銀行設立 |
| | | 七月二十一日 | 釜山で新韓国銀行券発行 |
| | | 九月十五日 | ウォーカーライン内で鮮銀券と新韓国銀行券の交換開始 |
| | | 十一月十八日 | 朝鮮銀行一〇〇円券の流通を全面禁止 |
| 昭和二十六年 | 一九五一年 | 四月三十日 | 朝鮮銀行一〇〇円券の交換打切り |

# 参考資料


朝鮮銀行　『朝鮮銀行五年志』（一九一五年九月）
朝鮮銀行　『鮮満経済十年史』（一九一九年十二月）
朝鮮銀行　『朝鮮銀行二十五年史』（一九三四年十二月）
朝鮮銀行史編纂委員会『朝鮮銀行略史』（一九六〇年六月）
朝鮮銀行史研究会『朝鮮銀行史』（東洋経済新報社　一九八七年十二月）
朝鮮銀行調査部『朝鮮銀行要覧』（一九四〇年七月）
韓奎勲　『朝鮮銀行40年』上（金融経済社　一九八一年十二月）
韓奎勲　『朝鮮銀行40年』第二部
鮮銀交友会「朝鮮銀行回顧録」（全二三冊　タイプ印刷）
鮮銀交友会会報「交友」（全四九冊　一九五九年一月〜八〇年五月）
木村雄次「朝鮮銀行在任中の回顧」（朝鮮銀行京城総裁席調査課　一九四〇年十二月）
田中鉄三郎『今とむかし――国際金融史回顧』（日本銀行調査局　一九六八年九月）
君島一郎『私の銀行ライフ――金融史回顧』（日本銀行調査局　一九七四年十月）
星野喜代治『回顧録』私家版（一九六七年三月）
井口俊彦『鮮銀私史』私家版（一九六七年四月）

安藤直明『外地勤務』私家版（一九七六年三月）
桜沢秀次郎理事「朝鮮銀行京城本店よりみたる終戦前後に於ける朝鮮その他の概況」
吉谷吉蔵監事「終戦当時の日記抜粋」
堀内英夫大連支店支配人代理「朝鮮銀行関係記録抄」（以上三点、タイプ印刷）
目賀田種太郎「復命書」（一九〇七年十一月）
第一銀行『韓国貨幣整理報告書』（一九〇九年十一月）
第一銀行『第一銀行五十年小史』（一九二五年三月）
第一銀行『韓国に於ける第一銀行』（一九〇八年八月）
第一銀行『第一銀行史』（一九五七年十二月）
相川尚武「ある明治人の軌跡――市原盛宏小伝」（「同志社談叢」第三号　一九八三年二月）
森田芳夫『朝鮮終戦の記録』（巌南堂書店　一九六四年八月）
水田直昌『財政・金融政策から見た朝鮮統治とその終局』（友邦協会　一九六二年七月）
韓国銀行『通貨交換措置総合報告』（朝鮮戦争時）
満鉄経済調査会『満州通貨金融方策　正・続』（一九三六年二月）
満州事情案内所『満州に於ける通貨金融の過去及現在』（一九三六年五月）
鈴木武雄監修『西原借款資料研究』（東大出版会　一九七二年九月）
吉田虎雄『支那貨幣研究』（東亜経済研究会　一九三三年五月）
多田井喜生編『占領地通貨工作』〈続・現代史資料11〉（みすず書房　一九八三年十月）

今村忠男『支那新通貨工作論』（高山書院　一九三九年十月）
外務省調査部『重慶政府の金融為替政策』（一九四二年八月）
宮下忠雄『支那戦時通貨問題一斑』（日本評論社　一九四三年九月）
東亜研究所『支那占領地経済の発展』（一九四四年九月）
東京銀行『横浜正金銀行全史』全六巻（一九八一年四月）
台湾銀行史編纂室『台湾銀行史』（一九六四年八月）
満州中央銀行『満州中央銀行十年史』（一九四二年六月）
満州中央銀行史研究会『満州中央銀行史』（東洋経済新報社　一九八八年十一月）
中国連合準備銀行顧問室『中国連合準備銀行五年史』（一九四四年八月）
藤田文吉『一日本人銀行員の朝鮮史雑感と朝鮮殖産銀行』（一九八八年六月）
東洋拓殖『東洋拓殖株式会社三十年誌』（一九三九年八月）
特殊機関整理委員会『閉鎖機関とその特殊清算』（一九五四年三月）
大蔵省調査企画課『大蔵大臣回顧録』（大蔵財務協会　一九七七年十月）
大蔵省調査企画課『外地財政金融史――史談会記録四』（一九六九年三月）
大蔵省調査企画課『外地財政金融史　続――史談会記録五』（一九八〇年一月）
大蔵省調査企画課『聞書戦時財政金融史』（大蔵財務協会　一九七八年四月）
横浜正金銀行「毎半季為替及金融報告」（『日本金融史資料』昭和編第二八巻　一九七〇年十月）
支那派遣軍総司令部「支那事変軍票史」（『日本金融史資料』昭和編第二九巻　一九七一年二月）

日本銀行調査局『朝鮮琉球貨幣概要』(一九六九年八月)
内外通商新報社『銀の話』(一九三五年五月)
多田井喜生『大陸に渡った円の興亡(上・下)』(東洋経済新報社　一九九七年八月)

写真提供——日本銀行金融研究所
日本貨幣商協同組合
UJF銀行貨幣資料館
渋沢史料館
著者

## 文庫版解説　空気中より軍資金を作る

板谷敏彦

本書は明治四十四（一九一一）年八月十五日、日本による韓国併合の際に中央銀行として設立され日本の第二次世界大戦敗戦とともに終焉を迎えた朝鮮銀行の歴史である。法的な設立はこの時だが、歴史は一八七八年の第一国立銀行釜山支店の進出まで遡る。国立銀行という名称ではあるが、渋沢栄一の銀行である。日本の銀行による海外進出第一号店だった。

第一国立銀行はやがて通貨を発行し、韓国において中央銀行の役割の一部を担うようになるが、明治四十二年に韓国統監伊藤博文が中央銀行として韓国銀行を設立すると、中核の店舗や機能をこれに譲渡することになる。

さらにこの二年後に韓国併合に伴い韓国銀行は朝鮮銀行へと名称変更、これを画期として同行は日本の国策銀行としての性格を強めることになる。この後日本は満州、北支へと進出していく。朝鮮銀行は大陸において侵攻をすすめる陸軍に常に寄り添って活動した。

朝鮮銀行は通算すると朝鮮国内にソウル以下二四店、中国国内に四〇店、日本国内に九店、その他満州、シベリア、ニューヨーク出張所とロンドン派遣員事務所を含めて一〇九店をも展開した一大銀行である。

筆者の多田井喜生は一九三九年の生まれ、戦後朝鮮銀行の残余財産を元に設立された日本不動産銀行、後の日本債権信用銀行(現あおぞら銀行)に入行し調査部門で活躍した。

著書に『朝鮮銀行史』(東洋経済新報社、共著、一九八七年)、『大陸に渡った円の興亡(上下)』(東洋経済新報社、一九九七年)、『決断した男　木戸幸一の昭和』(文藝春秋、二〇〇〇年)、『昭和の迷走』(筑摩選書、二〇一四年)などがある。本書はその中の『朝鮮銀行　ある円通貨圏の興亡』(PHP新書、二〇〇二年)を文庫化したものである。

作家あるいは歴史家としての多田井を解説するには、氏の著作を並べるだけでは不十分である。少し長くなるが、氏のルーツをたぐるならば朝鮮銀行第二代総裁(一九一五年十二月~一六年十月)の勝田主計(しょうだかずえ)の紹介から始めなければならない。

勝田主計は愛媛県松山市出身、NHKでTVドラマ化された司馬遼太郎の小説『坂の上の雲』で有名な正岡子規や秋山真之の同年代で、両人とは旧松山藩主久松家が東京に建てた学生寮常盤学舎で一緒に暮らしたこともある親友だった。帝大卒業後は大蔵官僚となり、朝鮮銀行総裁を経て寺内正毅内閣の大蔵大臣に就任した。時は第一次世界大戦中、日本のドル外交と呼ばれる西原借款を主導した人物である。彼は勝田家文書など貴重な資料を後世に残した。

その四男が勝田龍夫である。一九三七年に朝鮮銀行に入行、戦後ＧＨＱ命令で閉鎖機関となった朝鮮銀行の清算を元副総裁の星野喜代治の補佐として執行した。

その際、勝田の父譲りの政財官界との人脈をフルに活用して、朝鮮銀行の残余財産を活用した日本不動産銀行設立に貢献した。朝鮮銀行は名前と形を変えながらも勝田龍夫の手によって延命したのである。

一九六九年に勝田龍夫は頭取に就任、その後日本不動産銀行は日本債権信用銀行となり、一九八八年に名誉会長になって以降も代表取締役の地位にとどまり、逝去する一九九一年まで、いわゆる日債銀のドンとして君臨した。日経新聞『私の履歴書』も執筆している。

勝田龍夫は銀行経営のかたわらで、その有り余る文才と身近にある豊富な史料、元老西園寺公望の側近原田熊雄の娘婿という立場を活用した人脈による取材力からノンフィクション作家としても一級の業績を残している。『中国借款と勝田主計』（ダイヤモンド社、一九七二年）、ベストセラーとなった『重臣たちの昭和史（上下）』（文藝春秋、一九八一年）などである。

そして一九八四年には「朝鮮銀行史研究会」を立ち上げて『朝鮮銀行史』の編纂に着手した。朝鮮銀行は勝田龍夫の父主計が大蔵省理財局長時代に設立に携わり、第二代の総裁も務めた。またその勝田龍夫自身も日本不動産銀行を立ち上げて朝鮮銀行の命脈を保った人物である。朝鮮銀行はいわば勝田家の銀行とも言えるのである。

勝田龍夫はこの時、歴史の中立性を保つために一歩退いてあえて執筆陣に加わらず、東京大学経済学部の加藤三郎教授、大蔵省財政史室の大森とく子、柴田善雅、それに日債銀の行内からは一九八三年に『占領地通貨工作』（続・現代史資料11）を著していた多田井喜生、資料作成に藤塚疇を選抜してその編纂を委ねたのだった。

ここに多田井は登場する。多田井はこれを機会に史料を求めて韓国銀行、ソウル大学、慶熙（きょんひ）大学校などを歴訪、また中国東北地方にも取材旅行に出掛けて旧満州国資料も調査した。

こうして韓国側からも積極的な支援を得て『朝鮮銀行史』は一九八七年に一〇〇〇ページを超える大著となって発刊された。実質多田井が実務を牽引した事業である。

二〇一一年にはNHKスペシャルが『圓の戦争』という番組を多田井の著作をベースに制作した。これは戦前日本の大陸進出の軍資金がどのように捻出され後始末されたのかを追ったもので、まさに朝鮮銀行史そのものだった。多田井本人も史料の山に籠もるストイックな修行僧の面持ちで画面に登場していたのが印象的だった。

勝田龍夫の薫陶、知見の継承、勝田家に残る潤沢な史料、日本債権信用銀行に残る記録、副業というよりは本業としての行史編纂、朝鮮銀行史は多田井にとって正にライフワークだったのである。

本書、『朝鮮銀行　ある円通貨圏の興亡』は『朝鮮銀行史』と編纂の際の収集資料をベースに、それ以降の多田井の研究成果を加えて、朝鮮銀行の小史として編纂された本である。以下に多田井が強調したかったと思われる本書の主なテーマの中から三つを書き出して解説しておく。

（1）金の流出と流入

日本が隣国韓国に開国を迫ったのは西南戦争の一年前の明治九（一八七六）年のこと。朝鮮銀行のルーツはその二年後の七八年の渋沢栄一の第一国立銀行釜山支店開設にさかのぼる。

この時日本は日朝修好条規付録第七款に日本の紙幣や補助貨幣の朝鮮国内流通を認めさせる規定をつけた。これはまさしく米国ペリー提督によって締結させられた日米通商修好条約にも含まれていた規定だった。日本は黒船来航のこの時、外貨と本邦通貨との間で発生した内外金銀価格差による裁定取引で、大量の金を国外流出させることになった。

日本はこれを学習し、ちょうど同じことを韓国に対して要求して、その結果韓国の金（主に砂金）を、第一国立銀行を窓口として大量に日本に流入させることになった。この規模は朝鮮銀行が明治四十二年以降昭和二十年までに取り扱っただけでも五億六千万円、約二五〇トンと国内産金の量をはるかに上回っていた。

一般史ではなかなか語られないこうした史実は、富国強兵策における資金調達源の解明に重要な参考史料となるものだ。本書にはこうした貴重なデータが『朝鮮銀行史』から抜粋されて淡々と積み上げられている。

（2）植民地銀行障壁論

日本は明治三十七（一九〇四）年から始まった日露戦中戦後の第一次から第三次までの日韓協約によって、韓国の実質上の保護国化を推進した。その際戦後韓国統監に任命された伊藤博文による自治育成策によって韓国独自の中央銀行の設立が俎上に上り、その頃朝鮮半島に大きく展開していた第一銀行（第一国立銀行から改名）のファシリティを譲り受ける形で初の中央銀行、韓国銀行が設立された。

この時の桂太郎首相と伊藤博文の確執は、近隣アジアの国を育成しようという明治の元老達の世代の思考と、植民地獲得に積極的な次の世代である桂の対立が表面化するところであり、時代の節目として興味深い逸話となっている。この韓国銀行が一九〇九年の伊藤博文暗殺と翌年の日韓併合を経て朝鮮銀行と名称を変更することになる。

時代は金本位制が世界一流国の主流。この時に元老松方正義は、西南の役の際に日本の通貨システムが混乱して激しいインフレーションを招いた経験を踏まえて、植民地銀行障壁論を展開した。すなわち植民地の通貨は本邦の円とは隔離して通貨発行準備金などは別に用意すべきものだというのだ。

いざ事が起きた時に、植民地において戦費として通貨が増刷される。するとどうしても後の通貨価値の下落を招く。通貨価値の下落、すなわちインフレーションが発生した時、その本国への波及を水際で未然に防ごうというものだった。

(3)「預け合」による通貨創出

昭和十二(一九三七)年、盧溝橋事件をきっかけに日本は北支に侵攻を始めた。その際日本政府傀儡の中華民国臨時政府のために中央銀行として設立されたのが中国連合準備銀行(連銀)である。軍資金は欲しいが、準備金の原資がなければ通貨の発行もできない。そこで考案されたのが「預け合」という手法だった。

昭和十三年六月十六日、朝鮮銀行北京支店は連銀と「預け合契約」を締結した。これは先ず朝鮮銀行北京支店と連銀がそれぞれ相手の銀行に預金口座を作っておく。そしていざ日本側が軍事費などの支出に連銀券が必要になったら、①日本政府は臨時軍事費特別会計から日本銀行を通じて日本円を朝鮮銀行北京支店に支払う。②受け取った朝鮮銀行北京支店は行内の連銀の日本円預金勘定に貸記すると同時に、③連銀もこれと同金額を同行内の朝鮮銀行北京支店の連銀券預金口座に貸記する。円と連銀券との為替取引である。また同時に連銀は朝鮮銀行北京支店の日本円預金を準備として連銀券を発行したことになる。この②と③が「預け合」である。

④現地の陸軍はこの口座から軍資金である連銀券を随時に引き出せる。⑤一方で連銀による朝鮮銀行北京支店からの日本円引き出しは認めない。⑥連銀によって日本円を引き出される心配のない朝鮮銀行北京支店はこの日本円で日本国債を購入する。こうして臨時軍事費会計からの出費は国債発行によってファイナンスされるという仕組みである。また連銀券の発行準備は日本国債ということになる。このスキームのポイントは⑤で、規則で決まっているわけではないが暗黙の了解で円預金を引き出さないところにある。実質上の架空預金である。

これであれば日本軍はいくらでも軍資金を調達することができた。中国戦線はまさに空気中から軍資金を捻出したのである。

植民地障壁論を唱えた元老松方正義の慧眼は第二次世界大戦終了時に証明されることになった。連銀券が流通していた中国のエリアでは戦後激しいハイパーインフレにまみれたが、日本円は上記スキームで遮断されていたために無事だったのである。

多田井は朝鮮銀行史には戦前の昭和史や日本の大陸進出の歴史を理解するための重要な

ヒントが数多く内包されていることを一番よく理解していた。ところが複雑な金融取引が介在するので門外漢にはわからないジレンマがあった。

『大陸に渡った円の興亡』、『朝鮮銀行』、『昭和の迷走』と朝鮮銀行に対する光の照射角度を変えながら朝鮮銀行史をテーマに据えた書籍を執筆し続けたのは、広くこの知見を歴史家や読書層に伝えなければならないという強い使命感を持っていたからに違いない。本書の読後、多田井のそうした強い思いを感じずにはいられなかった。『朝鮮銀行』は末永く読まれて欲しい本である。

（いたや・としひこ　作家）

本書は二〇〇二年三月一日、ＰＨＰ新書から刊行された。

**一揆の原理**　呉座勇一

虐げられた民衆たちの決死の抵抗として語られてきた一揆。だがそれは戦後歴史学が生んだ幻想にすぎない。これまでの通俗的理解を覆す痛快な一揆論！

**甲陽軍鑑**　佐藤正英校訂・訳

武田信玄と甲州武士団の思想と行動の集大成。大部から、山本勘助の物語や川中島の合戦など、その白眉を収録。新校訂の原文に現代語訳を付す。

**機関銃下の首相官邸**　迫水久常

二・二六事件では叛乱軍を欺いて岡田首相を救出し、終戦時には鈴木首相を支えた著者が明かす、天皇・軍部・内閣をめぐる迫真の秘話記録。（井上寿一）

**増補 八月十五日の神話**　佐藤卓己

ポツダム宣言を受諾した「八月十四日」や降伏文書に調印した「九月二日」でなく、「終戦」はなぜ「八月十五日」なのか。「戦後」の起点の謎を解く。

**考古学と古代史のあいだ**　白石太一郎

巨大古墳、倭国、卑弥呼。多くの謎につつまれた日本の古代。考古学と古代史学の交差する視点からその謎を解明するスリリングな論考。（森下章司）

**江戸はこうして造られた**　鈴木理生

家康江戸入り後の百年間は謎に包まれている。海岸部へ進出し、河川や自然地形をたくみに生かした都市の草創期を復原する。（野口武彦）

**増補 革命的な、あまりに革命的な**　絓（すが）秀実

「一九六八年の革命は「勝利」し続けている」とは何を意味するのか。ニューレフトの諸潮流を丹念に跡づけた批評家の主著、増補文庫化！（王寺賢太）

**戦国の城を歩く**　千田嘉博

室町時代の館から戦国の山城へ、そして信長の安土城へ。城跡を歩いて、その形の変化を読み、新しい中世の歴史像に迫る。（小島道裕）

**性愛の日本中世**　田中貴子

稚児を愛した僧侶、「愛法」を求めて稲荷山にもうでる貴族の姫君。中世の性愛信仰・説話を介して、日本のエロスの歴史を覗く。（川村邦光）

**琉球の時代**　高良倉吉

いまだ多くの謎に包まれた古琉球王国。成立の秘密や、壮大な交易ルートにより花開いた独特の文化を探り、悲劇と栄光の歴史ドラマに迫る。（与那原恵）

**博徒の幕末維新**　高橋敏

黒船来航の動乱期、アウトローたちが歴史の表舞台に躍り出てくる。虚実を腑分けし、稗史を歴史の中に位置付けなおした記念碑的労作。（鹿島茂）

**近代日本とアジア**　坂野潤治

近代日本外交は、脱亜論とアジア主義の対立構図により描かれてきた。そうした理解が虚像であることを精緻な史料読解で暴いた記念碑的論考。（苅部直）

**増補 モスクが語るイスラム史**　羽田正

モスクの変容——そこには宗教、政治、経済、美術、人々の生活をはじめ、イスラム世界の全歴史が刻み込まれている。その軌跡を色鮮やかに描き出す。

**日本大空襲**　原田良次

帝都防衛を担った兵士がひそかに綴った日記。各地の空爆被害、斃れゆく戦友への思い、そして国への疑念……空襲の実像を示す第一級資料。（吉田裕）

**餓死（うえじに）した英霊たち**　藤原彰

第二次大戦で死没した日本兵の大半は飢餓や栄養失調によるものだった。彼らのあまりに悲惨な最期を詳述し、その責任を問う告発の書。（一ノ瀬俊也）

**裏社会の日本史**　フィリップ・ポンス　安永愛訳

中世における賤民から現代社会の経済的弱者まで、また江戸の博徒や義賊から近代以降のやくざまで——フランス知識人が描いた貧困と犯罪の裏日本史。

**古代の朱**　松田壽男

古代の赤色顔料、丹砂。地名から産地を探ると同時に古代史が浮き彫りにされる。標題論考に、「即身佛の秘密」、自叙伝「学問と私」を併録。

**横井小楠**　松浦玲

欧米近代の外圧に対して、儒学的理想である仁政を基に、内外の政治的状況を考察し、政策を立案し遂行しようとした幕末最大の思想家を描いた名著。

**大都会の誕生**
喜安朗／川北稔

都市型の生活様式は、歴史的にどのように形成されてきたのか。この魅力的な問いに、碩学がふたつの都市の豊富な事例をふまえて重層的に描写する。

**共産主義黒書〈ソ連篇〉**
ステファヌ・クルトワ／ニコラ・ヴェルト
外川継男訳

史上初の共産主義国家〈ソ連〉は、大量殺人・テロル・強制収容所を統治形態にまで高めた。レーニン以来行われてきた犯罪を赤裸々に暴いた衝撃の書。

**共産主義黒書〈アジア篇〉**
ステファヌ・クルトワ／ジャン＝ルイ・マルゴラン
高橋武智訳

アジアの共産主義国家は抑圧政策においてソ連以上の悲惨を生んだ。中国、北朝鮮、カンボジアなどでの実態は我々に歴史の重さを突き付けてやまない。

**ヨーロッパの帝国主義**
アルフレッド・W・クロスビー
佐々木昭夫訳

15世紀末の新大陸発見以降、ヨーロッパ人はなぜ次々と植民地を獲得できたのか。病気や動植物に着目して帝国主義の謎を解き明かす。（川北稔）

**民のモラル**
近藤和彦

統治者といえど時代の約束事に従わざるをえなかった18世紀イギリス。新聞記事や裁判記録、ホーガースの風刺画などから騒擾と制裁の歴史をひもとく。

**台湾総督府**
黄昭堂

清朝中国から台湾を割譲させた日本は、新たな統治機関として台北に台湾総督府を組織した。抵抗と抑圧と建設。植民地統治の実態を追う。（檜山幸夫）

**増補 大衆宣伝の神話**
佐藤卓己

祝祭、漫画、シンボル、デモなど政治の視覚化は大衆の感情をどのように動員したか。ヒトラーが学んだプロパガンダを読み解く「メディア史」の出発点。

**ユダヤ人の起源**
シュロモー・サンド
高橋武智監訳
佐々木康之／木村高子訳

〈ユダヤ人〉はいかなる経緯をもって成立したのか。歴史記述の精緻な検証によって実像に迫り、そのアイデンティティを根本から問う画期的試論。

**中国史談集**
澤田瑞穂

皇帝、彫青、男色、刑罰、宗教結社など中国裏面史を彩った人物や事件を中国文学の碩学が独自の視点で解き明かす。怪力乱「神」をあえて語る！（堀誠）

ちくま学芸文庫

朝鮮銀行（ちょうせんぎんこう） ある円通貨圏（えんつうかけん）の興亡（こうぼう）

二〇二〇年九月十日　第一刷発行

著　者　多田井喜生（たたい・よしお）

発行者　喜入冬子

発行所　株式会社　筑摩書房

東京都台東区蔵前二―五―三　〒一一一―八七五五

電話番号　〇三―五六八七―二六〇一（代表）

装幀者　安野光雅

印刷所　星野精版印刷株式会社

製本所　株式会社積信堂



ISBN978-4-480-51003-7 C0121